LA CREATIVIDAD EN EL ESTILO DE

LEOPOLDO ALAS, «CLARIN»

A mis hijos

A mis hijos

DIPUTACION DE ASTURIAS
INSTITUTO DE ESTUDIOS ASTURIANOS
DEL PATRONATO JOSE M.ª QUADRADO (C. S. E. C.)

LA CREATIVIDAD EN EL ESTILO DE LEOPOLDO ALAS, «CLARIN»

POR

LAURA NUÑEZ DE VILLAVICENCIO

OVIEDO, 1974

Depósito Legal: O. 427-74

I. S. B. N. 84-600-6058-6

CC

IMPRENTA "LA CRUZ"

Hijos de Rogelio Labrador Pedregal

San Vicente, 8. Oviedo, 1974

NOTA

Deseo hacer constar mi profundo recocimiento al Instituto de Estudios Asturianos (IDEA) por la generosa acogida que ha dispensado a este trabajo.

Del mismo modo, quiero manifestar mi gratitud al Profesor Eduard J. Gramberg, clariniano entusiasta, por sus valiosas sugerencias y constante estímulo; y al Profesor Henry Mendeloff, por su excelente revisión del manuscrito y sus atinadas observaciones.

L. N. V.

NOTA

INTRODUCCION

*La figura literaria de Leopoldo Alas (Clarín), 1852-
1901, ha sido contemplada por la crítica con una atención que se acrecienta con el transcurso del tiempo. Su
trayectoria vital, intensa y relativamente corta, aparece
trazada en muy detalladas biografías que tienen el prestigio y el encanto de la información de primera mano (1). Su obra, desigual en sus propósitos y en su calidad artística, pero notablemente homogénea en cuanto
a sus proyecciones ideológicas, ha sido objeto de numerosos estudios entre los cuales, sin pretensión exhaustiva,
pueden citarse algunos que intentan determinar la filiación estética del autor, o interpretar su visión del mundo (2), y otros que concentran el interés en el análisis*

---

(1) ADOLFO POSADA, *Leopoldo Alas, "Clarín"* (Oviedo: Imprenta La Cruz, 1946); JUAN ANTONIO CABEZAS, *"Clarín", el provinciano universal* (Madrid: Espasa Calpe, S. A. 1962).

(2) WILLIAM E. BULL, "The Naturalistic Theories of Leopoldo Alas", *PMLA*, 57 (1942), 536-51; WILLAN E. BULL, "Clarín's
Literary Internationalism", *HR*, 16 (1948), 321-34; ALBERT BRENT,
Leopoldo Alas and *"La Regenta"*, (Columbia, Mo.: The University of Missouri Studies, 24, No. 2, 1951; MARIANO BAQUERO GO-
YANES. "Exaltación de lo vital en *La Regenta*", *Archivum*, Oviedo, 2 (1952), 187-216; EDUARD J. GRAMBERG, *Fondo y forma del
humorismo de Leopoldo Alas, "Clarín"* (Oviedo: Instituto de Estudios Asturianos, 1958); SHERMAN H. EOFF, "In Quest of a God

*de una de sus obras, o en algún aspecto específico de
su creación literaria* (3). *Y hay también trabajos que pre-
fieren valorar la actitud y la obra que hicieron famoso
y conflictivo el sobrenombre de Alas (Clarín), y le con-
sagraron como el crítico más destacado del siglo XIX\
español* (4).

*Como parte de otros empeños críticos, se han hecho
observaciones de carácter general acerca de las cualida-*

---

of Love". *The Modern Spanish Novel* (New York: New York
University Press, 1961); 1961); págs. 51-84; FRANK DURAND, "Leopoldo Alas, "Clarín": Consistency of Outlook as Critic and No-
velist", *RR*, 56 (1965), 37-49; JOHN W. KRONIK, "La modernidad
de Leopoldo Alas", *PSA*, 41 (1966), 121-34; SEGUNDO SERRANO
PONCELA, "Un estudio de *La Regenta*", *PSA*, 44 (1967), 21-50.

(3) MARIANO BAQUERO GOYANES, "Una novela de "Clarín":
Su único hijo", *Prosistas españoles contemporáneos* (Madrid: Edi-
ciones Rialp, S. A., 1956), págs. 33-125; EDUARDO J. GRAMBERG,
"'Su único hijo', novela incomprendida de Leopoldo Alas", *His-
pania*, 45 (1962), 194-99; FRANK DURAND, "Characterization in *La
Regenta*", *BHS*, 41 (1964), 86-100; FRANCES WEBER, "The Dynamics of Motif in Leopoldo Alas's La Regenta", *RR*, 57 (1966), Novels of Leopoldo Alas", *BHS*, 43 (1966), 197-208; CLIFFORD R.
THOMSON Jr., "Egoism and Alienation in the Works of Leopoldo
Alas", *RE*, 81 (1969), 193-203; ROBERT M. JACKSON, "Cervantism
in the Creative Process of Clarín's *La Regenta*", *MLN*, 84 (1969),
208-27; ROBERTO G. SANCHEZ, "The Presence of the Theater and
the Consciousness of Theater in Clarín's *La Regenta*", *HR*, 37
(1969), 491-509.

(4) WILLIAM E. BULL, *Clarín: an Analytical Study of a Literary Critic* (Madison: U. of Wisconsin Press, 1940); RICARDO
GULLON, "Clarín, crítico literario", *Universidad*, Zaragoza (1949),
págs. 389-431, MELCHOR FERNANDEZ ALMAGRO, "Crítica y sátira
en Clarín", *Archivum*, Oviedo, 2 (1952), 33-42; GONZALO SOBEJA-

*des del estilo de Alas, y se ha comentado su tendencia
a la simplificación de la sintaxis y al frecuente empleo
de los puntos suspensivos, estudiándose el valor expresivo de este último rasgo y sus distintas funciones en algunos de los cuentos clarinianos* (5). *Con el fin de iluminar «la intrincada técnica del humorismo de Clarín», se
han estudiado los recursos estilísticos que la integran,
agrupándolos, «según las tendencias que más fácilmente se dejan discernir», bajo los epígrafes de paráfrasis,
antítesis, animación de lo inanimado, hipérbole y con-
ceptismo; y destacando la importancia del humorismo
clariniano como «creación artística independiente» o sea,
considerado como «valor de estilo»* (6). *Y con respecto a
La Regenta, debe mencionarse un trabajo en que se propone examinar la relación «entre el complejo espacio-
temporal humano representado [en esa novela] y el conjunto lingüístico que lo representa» y que estudia muy
detalladamente, con criterio estructuralista, la composición de esa obra* (7). *Pero el estilo de Alas, entendiendo
por tal su peculiar manejo del lenguaje como instru-*

NO, "Clarín y la crisis de la crítica satírica", *RHM*, 31 (1966), 399-
417; SERGIO BESER, *Leopoldo Alas, crítico literario* (Madrid: Gredos, 1968).

(5) KATHERINE REISS, "Valoración artística de las narraciones
cortas de Leopoldo Alas, 'Clarín', desde los puntos de vista estético, técnico y temático", *Archivum*, 5 (1955), 77-126 y 256-303.

(6) GRAMBERG, págs. 185-217.

(7) EMILIO ALARCOS LLORACH, "Notas a *La Regenta*", *Archivum*, 1 (1952), 141-160.

*mente expresivo, no ha sido hasta el presente metódi-
camente explorado.*

*La producción literaria de Alas, pese a la diversidad
de sus géneros, constituye un orbe de palabras en el que
predomina una consistente voluntad de estilo, y que puede ser estudiado como una coherente totalidad. La investigación analítica de su lenguaje, aparte de servir al
propósito fundamental de la interpretación de su obra,
reviste también otros aspectos de interés. Las preferencias lingüísticas de Alas son, primeramente, manifestación irrefrenable de una compleja personalidad apasionada y contradictoria. Pero, además, reflejan las inquietudes y tensiones de un escritor que vivió en una época de transición. El siglo XIX, y más concretamente
en su segunda mitad, se caracterizó en España por la
inestabilidad de sus tendencias ideológicas (8). En política, una atmósfera turbulenta; en filosofía, un fondo antitético de idealismo kantiano y de materialismo científico que, pasando por la síntesis hegeliana, pretende re-
solverse en panteismo o krausismo (9.); y en literatura,
romanticismo decadente y naturalismo abortado, que se*

---

(8) Un interesante comentario acerca de los elementos ideológicos que sirvieron de base a la novelística del siglo XIX en
España y Francia puede verse en Eoff, págs. 1-20. Sobre el mismo tema, específicamente referido a Leopoldo Alas y *La Regenta*,
págs. 67-71.

(9) Sobre la influencia del krausismo en España, véase Juan
Lopez Morillas, *El krausismo español* (México: Fondo de Cultura
Económica, 1956). También Joaquin Xirau, "Julián Sanz del Río y
el krausismo", CA, No. 4 (1944), 55-71.

diluye en un cáustico realismo. Y esos son, a grandes rasgos, los elementos que convergen en la obra de Clarín y que pueden considerarse gérmenes o fundamentos de su sensibilidad estética. Como síntesis de variadas tendencias, el vocabulario de Alas compendia la riqueza de los más heterogéneos componentes. Reminiscencias clásicas, barroquismo, rasgos románticos, intentos naturalistas, realismo sicológico, impresionismo descriptivo y subjetividad apasionada son algunos de los elementos que se disputan la preeminencia en su vigorosa expresión artística, integrándose en un personalísimo estilo que constituye un documento lingüístico de su época, al par que un reflejo de su peculiar visión del mundo. Porque, aunque actualmente los críticos están conformes en que las famosas y tan citadas palabras de Buffon («Le style c'est l'homme même») tuvieron en su origen otro sentido, hay que admitir que el estilo delata al hombre y que el hombre, cuando ha sido un artista, deja en sus creaciones una trascendente impronta de su tiempo y de su espacio vitales.

Al propósito de abordar un estudio estilístico precede siempre un sentimiento de razonable inquietud. La profunda significación del lenguaje es siempre un arcano, y esa es la fascinación y el reto que implica la investigación del estilo. Penetrar en el misterio que subyace oculto tras el significado aparente de las palabras es tarea de paciencia, dedicación y estudio, pero que además requiere, en muchas ocasiones, el auxilio más o menos decisivo de la intuición personal. Y ese es el peligro que encierra la estilística, y a su vez suele ser una de las causas de su quiebra como disciplina científica (10). *En este trabajo intentaremos aceptar el reto, procurando descubrir las irradiaciones expresivas de las palabras, su poder de evocación, sus contenidos oblicuos y sus interrelaciones, y trataremos de evadir el peligro manteniendo una extrema sobriedad y una severa limitación en cuanto a toda interpretación subjetiva.*

El método de trabajo será analítico y progresivo, y abarcará desde la observación de la palabra aislada hasta el estudio de su integración en frases o en estructuras sintácticas superiores. Al examinar las distintas categorías lingüísticas, se intentará primero determinar lo que en ellas es genérico y corresponde a la naturaleza misma del lenguaje, así como también lo que es normativo y pertenece al campo de la gramática. Y partiendo de esas bases, procuraremos examinar las desviaciones de esas normas, presuponiendo que implican una artística selección del autor (11). *O, dicho de otro modo, sin desconocer los significados lógicos de las palabras, concentraremos el interés en los elementos afectivos e imaginativos que se encierran en el lenguaje. Como parte de ese empeño, se examinarán los efectos del lenguaje*

---

(10) Para una confrontación de las posibilidades y las limitaciones del método analítico aplicado a la investigación estilística, véase R. A. SAYCE, *Style in French Prose. A Method of Analysis* (Oxford: University Press, 1965), págs. 1-7.

(11) Details of style, however trivial in appearance, are not accidents, they reveal the deeper intentions and characteristics of the writer and they must be dictated by some inner reason". Sayce, *Style*, pág. 5.

figurado y de las comparaciones y metáforas que integran la imaginería del autor.

En los estratos sonoros, estudiaremos algunos aspectos importantes del ritmo que provocan las estructuras sintácticas, y señalaremos ciertos elementos que imponen su presencia evidente y sus efectos fónicos en la prosa clariniana, pero evadiremos la determinación de sus funciones que, por la especial naturaleza de estos rasgos, sería siempre un tanto especulativa (Sayce, Style, pág. 4).

Las referencias a los temas y a los motivos simbólicos serán siempre tangenciales y limitadas a los casos en que su comentario surja del estudio del lenguaje mismo. Pero ello no impedirá, sin embargo, que la investigación estilística conduzca finalmente a la dilucidación de los contenidos, como una consecuencia natural del examen de los medios expresivos del artista (12.

Aunque el sistema estético de un escritor tan subjetivo como Leopoldo Alas apenas puede separarse de sus motivaciones personales, y aunque sus palabras sean en muchas ocasiones casi confesionales y en su conjunto ofrezcan un claro testimonio de la sicología del autor,

---

(12) En este aspecto, como en otros relativos al método de análisis, compartimos el criterio que expresa Sayce en las palabras siguientes: "It is, therefore, impossible to separate the study of style from the content of a work. We shall in fact be stydying the content, but instead of approaching it from the outside, more or less superficially, we shall come to it from the inside, through the texture and substance of the writing, in a word, through the medium of the artist". *Style*, pág. 6.

las alusiones a su ideología o a sus conflictos íntimos serán también ocasionales, limitadas e impuestas como un resultado del examen de sus preferencias lingüísticas. Aislar de ese modo los elementos integrantes de tan delicado fenómeno del espíritu como lo es la creación literaria será siempre difícil, y puede parecer un tanto mecánico, pero la meta de este trabajo no debe ser la determinación de la personalidad del autor, por demás muy comentada en otros trabajos críticos, sino la valoración del lenguaje expresivo de Alas, como instrumento de su procedimiento creativo y en cuanto sus matices contribuyan a la objetivación de su visión del mundo como un trabajo de arte (13).

El material examinado, en principio, será el lenguaje de Alas en su obra total, observando sus rasgos, cuando sean consistentes, allí donde se encuentren. Pero por la extensión de La Regenta *y por su extraordinaria matización expresiva, la mayor parte de las citas corresponderán a esa novela. Los ejemplos tomados indiscriminadamente de otras obras, aunque menos abundantes,*

(13) "... en toda producción poética (y, desde luego, llamo producción *poética* no sólo a los poemas en verso, sino a toda creación literaria valiosa) lo único esencial —como tal producción poética— es su almendra poética. Otros aspectos de la obra podrán tener tremenda importancia: el ideológico, el social, el histórico, el folklórico, el lingüístico, el religioso, el político, etc.; pero dentro de la historia del arte y de la crítica literaria, un solo aspecto es esencial: el poético y su realización artística". Amado Alonso, "La interpretación estilística de los textos literarios", en *Materia y forma en la poesía* (Madrid: Gredos, 1955), pág. 108.

servirán a los fines de comprobar la unidad que preside el estilo clariniano.

De más está decir que no aspiramos a realizar un estudio integral de la expresividad de Alas, porque es una verdad axiomática de la ciencia del estilo que toda forma lingüística conlleva alguna forma de expresión (14). Muchos rasgos y matices quedarán inexplorados o simplemente sugeridos a la curiosidad y el estudio de futuros investigadores. Pero si logramos iluminar los aspectos más relevantes del procedimiento creativo de Leopoldo Alas, el propósito y la pretensión de este trabajo se habrán cumplido.

---

(14) "Una frase pronunciada es un conjunto de potencias que pone en movimiento a la vez, en el lector, el instinto lógico, las aptitudes musicales, las adquisiciones de la memoria, los resortes de la imaginación, y que por los nervios, por los sentidos, por las costumbres, agita a todo el hombre... el arte de los grandes escritores es infinito; su tacto es de una delicadeza extraordinaria y su invención de una fertilidad inagotable; no encontramos en ellos un ritmo, un giro, una palabra, un sonido, una unión de palabras, de sonidos y de frases, cuyo valor no esté previsto y cuyo emplao no esté exigido". HIPPOLYTE TAINE, *Filosofía del arte* (Madrid: Aguilar, 1957), págs. 683-84.

CAPITULO I

La Palabra.

A primera lectura, la observación de la palabra aislada en la obra de Alas revela, como una cualidad básica de su vocabulario, una asombrosa riqueza léxica que permite al autor objetivar los contenidos esenciales de sus mundos imaginarios en un sólido y matizado universo de palabras (1). Sustancia, forma, color y movimiento, con todas sus variantes, se organizan en formas lingüísticas tan precisas, abundantes y sin cesar reiteradas que, más bien que convertir en sensaciones y presencias las creaciones del artista, parecen reproducir los contornos de una vívida realidad en todas sus dimensiones (2).

---

(1) El estudio sistemático del léxico clariniano se aparta del propósito que inspira este trabajo, pero antes de abordar el examen de la expresividad en las distintas categorías gramaticales que integran la prosa de Alas, conviene señalar de manera muy general algunos aspectos interesantes de su vocabulario, considerado en conjunto.

(2) Las categorías lingüísticas que se incluyen en este co-

En su aspecto mas obvio, la riqueza del léxico clariniano se manifiesta en la abundancia de palabras de
que el autor dispone para exteriorizar un concepto determinado en distintos niveles de la lengua, y en la variedad de matices que esa cuasi-sinonimia aporta a la
creación de ambientes solemnes o pedantes, amanerados o cursis, pacatos o eufemísticos, vulgares o calleje-
ros:

> Scortum, Mesalinas, Margaritas Gautier, Na-
> nás, geishas, «cocottes», una horizontal, cortesa-
> nas, infames que comercian con su cuerpo, mu-
> jer de vida irregular, prostitutas, meretrices, ra-
> meras, mujer perdida, mujer venal, sirena de cuar-
> tel, malas mujeres, mujer pública, grandísima
> cualquier cosa, una... tal, esas «palomas», mujer-
> zuelas (3).

mentario son el sustantivo, el adjetivo y el verbo o sea, las palabras portadoras de sentido (sustancia, cualidad o fenómeno). Véase Bruno Snell, *Der Aufbau der Sprache* (Hamburgo, 1952). Versión española, *La Estructura del lenguaje* (Madrid: Gredos, 1966),
págs. 90-95. El concepto equivale al muy transparente de "pala-
bra-idea", empleado por Hans Adank, *Essai sur les fondements
psychologiques et lingüistiques de la métaphore affective* (Genève,
1939), págs. 45-46. Los nexos ("palabras-utensilios"), aunque a menudo son portadores de expresión, no pueden incluirse en el estudio genérico del vocabulario. Ocasionalmente se incluirán frases o conjuntos de palabras considerados como unidades idiomáticas, Véase Karl Bühler, *Sphachteorie* (Jena: Gustav Fisher, 1934).
Versión española, *Teoría del lenguaje* (Madrid: Revista de Oc-
cidente, 1967), pág. 130.

(3) Nótese, como una característica muy clariniana, la ausencia de la más española y castiza de las denominaciones apli-

femina, dama, señora, mujer, hembra, moza.

sacerdote, prelado, clérigo, canónigo, pastor, presbítero, padre espiritual, director de almas, ministro del Señor, confesor, cura, «carca» (4).

Mefistófeles, Luzbel, Señor de los abismos, Su Majestad infernal, Satanás, diablo, demonio, enemigo malo.

Pero en su aspecto fundamental, la opulencia del verbo clariniano es mucho más que un fenómeno artístico expresivo y responde básicamente a la riqueza conceptual y a la erudición del autor. En el vocabulario de Alas aparecen fundidas en un exuberante conjunto diversas corrientes léxicas que corresponden a la evolución lingüística de la época y reflejan en sus giros las radicales antinomias que afectaron al pensamiento filosófico y

---

cables a la mujer caída. En el vocabulario de Alas, pese a su matiz popular y a su frecuente desenfreno expresivo, no aparecen las palabras que una estética moralizante suele llamar obscenas. Véase Camilo J. Cela, "¿Palabras válidas o inválidas?", *PSA*, 84 (1963).

(4) El manejo de las palabras que implican jerarquías o funciones eclesiásticas amplía notablemente el vocabulario aplicable a los miembros del clero, cuya nómina es muy prolija en el léxico de Clarín y contribuye, con su variedad y con su insistencia a la formación de un ambiente: *Su Ilustrísima, Su santidad, Pontífice, Papa, obispo, purpurado, cardenal, magistral, provisor, prebendado, arcipreste, arcediano, familiar del obispo, beneficiado, campanero, acólito, diácono, vicario, monje, fraile,* y en otro nivel, *sacristán, monaguillo.*

literario del siglo XIX español (5). Palabras grandilo-
cuentes y sonoras, vestigios y en ocasiones parodias de
la retórica oratoria (*heróica, noble y leal, venerable, ilus-*
tre, digno, dignísimo, dignamente, benemérito, preemi-
nente, inveterado, ampuloso, sublime, glorioso) (6); locuciones desusadas o arcaizantes (*a fuer de, un su ami-*
go, un su hermano, no parar mientes, es menester, em-
pero, empecer, excogitar, albéitar, presea, bienquisto,
harto he, harto harás, hogaño, la diestra mano, pluguie-
ra, pulquérrimo, alboroque, sin mengua, agostar) (7);
remedos del lenguaje del Siglo de Oro (*algo y aun algos,*
vino en averiguar y dió por evidente, mundanal ruido,

---

(5) Acerca de las corrientes de época en la prosa del siglo
XIX español, véase Rafael Lapesa, *Historia de la lengua española*
(Madrid: Escelicer, S. A., 1965), págs. 276-82.

(6) La actitud de Clarín hacia la retórica parece haber sido
oscilante. En algún momento, y en función de crítico, dice: "A
mi juicio se equivocan los que desdeñan demasiado por viejas las
lecciones de la antigua retórica" (P, X), mientras que en otro lugar satiriza (en estilo retórico) a un personaje que "creía" en
ella (R, 19). Esa vacilación aparece muy evidente cuando, al
referirse a las dudas de Ana Ozores entre escribir o hablar al
magistral, dice: "Y sobre todo la retórica que era *indispensable*
emplear, porque *a ideas grandes, grandes palabras*, le parecía
amanerada, falsa en la conversación de silla a silla" (R, 361).

(7) Los giros de sabor arcaico que esporádicamente aparecen
en el lenguaje de Clarín aportan un elemento de contraste que,
en el conjunto de su prosa flexible y abierta a todas las innovaciones contemporáneas al autor, sorprende como una reminiscencia inesperada. Empezando por el cultismo *vetusto*, palabra clave
que da tono a *La Regenta* y muy reiterada en lugar de "antiguo" en el resto de su obra, anotamos, además de los citados, el

moradas, tormentos sabrosos —en sentido teresiano—, *mustios collados*); expresiones en latín, siempre en cursiva (8), extranjerismos, también subrayados (*cachet, bibelot, confort, chalets, bijou, boulevard, chic, buffet, chaquet, l'enfant terrible, comm'il faut, nuovo amico, come siete buono, sprit, sport, flirtation,* y citas clásicas de toda índole, oponen un matiz solemne, erudito o amanerado, muchas veces obviamente irónico, a las expresiones comunes, giros y modismos de la lengua hablada que, tal vez a su pesar, predomina en su obra (9) (*a sus*

---

uso frecuente de *cual* como adverbio de modo (*cual turba de pilluelos, cual imantada*); del imperfecto de subjuntivo en función de pluscuamperfecto de indicativo (*aquel salmón que pescara*; *perdido el terror con que despertara*; *la primera vez que lo experimentara*; *y le pedía, por lo que más amase*); y, de algunas formas esclíticas (*guardóme, servíle, vióse, acercóse*). Acerca de la evolución de las formas subjuntivas en *ra* y *se* en función de pluscuamperfecto de indicativo en el español moderno, véanse: Leavitt Olds Wright, *The ra Verb Form in Spain* (Berkeley: University of California Press, 1932); y Henry Mendeloff, "The Syntax of Miguel Delibes and his Contemporaries", *RJ*, 18 (1967), 340-45.

(8) Acerca de la función caracterizadora del latín mal empleado, véase Albert Brent, pág. 47. La interferencia del latín en la prosa clariniana es una constante y tiene además otros aspectos. En *La Regenta*, funciona a menudo como un complemento apropiado al denso ambiente clerical que el autor se propone subrayar. Otras veces, y por toda su obra, los lugares comunes y frases hechas en latín parecen ser muletillas irónicas, que Clarín opone como una contraparte erudita y amanerada al lenguaje coloquial.

(9) De nuevo señalamos la oscilación del criterio lingüístico

anchas, negaba en redondo, tenía la manga ancha, con
pies de plomo, no se mordía la lengua, una olla de gri-
llos, sin ton ni son, como dijo el otro, se le caía la baba,
beberse los vientos, dimes y diretes, la sin hueso, se le
atragantó, cuando otro gallo les cantaba, hablillas, amo-
ríos, bobalicón, papanatas, sinvergüenza, rabietas, berri-
nas, parrafadas, teje maneje, desembucha, atracón, era
harina de otro costal) (10). Y en otro aspecto más específico, palabras exaltadas o mórbidas, secuela de un
romanticismo repudiado, pero que caló muy hondo en
la sensibilidad clariniana (*héroe, heroína, desdén, olvido,*

---

de Alas, que se manifiesta en nostalgia por un "estilo noble" y
en reluctancia hacia el lenguaje coloquial que compulsivamente
emplea: "La mucha costumbre de haber sido gacetillero dificulta en mí, cuando no imposibilita, el empleo del estilo completamente noble; y las frases familiares, muy españolas y gráficas,
pero al fin familiares, y ciertas formas alegres, de confianza, an-
tiacadémicas, por decirlo más claro, acuden a mi pluma sin que
pueda yo evitarlo" Leopoldo Alas, *Mis Plagios* (Madrid, 1888),
pág. 59.

(10) No parece necesario ilustrar con muchos ejemplos el
predominio del nivel coloquial en la lengua clariniana, evidente
y fácil de comprobar mediante la lectura atenta de cualquiera de
sus páginas. Los giros familiares y modismos o frases hechas que
invadieron la prosa literaria realista han sido muy diversamen-
te comentados. Para algunos, son un "indicio de pobreza y la-
mentable descuido, aun cuando se advierta el propósito de imi-
tar las locuciones y giros del lenguaje del Siglo de Oro", Gui-
llermo Díaz Plaja, *Modernismo frente a noventa y ocho* (Madrid:
Espasa Calpe, 1951), págs. 301-302. Otros autores, con una visión
más certera de los matices expresivos de la lengua, opinan que
"conventional language is a suitable instrument for irony when

*soledad, esperanza, corazón, tedio, romántico-ca, delica-
do, dulce, dulzura, pálidez, tristeza, fantasma*) (11); aparecen junto a vocablos idealistas y etéreos (*inefable,
idealidad, soñador, espíritu, espiritual, visionario, ensueños*) y a expresiones pseudo-místicas (*contemplación, alma, éxtasis, misticismo, cuesta ardua, camino del cielo,
aureola, espanto místico, divino, pureza espiritual, trans-
figuración*), que contrastan vivamente con la terminología científica y el vocabulario descarnado que el positi-
vismo introdujo (*congestión, orgasmo, anatomía, escalpe-
lo, materia, carne, carnal, digestión, estreñimientos, in-
testinal, leyes naturales, mal parto, saliva, hígado, bazo,
matriz, flato, histerismo, hepatitis, gastroenteritis, fenómenos reflejos*) (12).

---

is emplayed consciously". Sayce, *Style*, pág. 61. Lapesa, en el mismo sentido, considera que el aprovechamiento de los giros de la
lengua hablada, fue "un esfuerzo admirable de los novelistas del
siglo XIX", y que "si, como reacción contra el atildamiento hin-
chado, se abandonaron con frecuencia al desaliño y a la frase
hecha, dieron a la novela el tono medio que necesitaba". Lapesa,
pág. 281. En la misma orientación, Antonio Sánchez Barbudo,
'Vulgaridad y genio de Galdós. El estilo y la técnica de *Miau*",
Archivum, Oviedo, 7 (1957), 48-75.

(11) *Abandonado, fúnebre, tinieblas, soledad, melancolía, deshonra, escalofrío, misterio, llanto, lágrimas, terror, felicidad, desgracia, desesperado, cobarde, valiente, irreparable, imposible, compasión, tormento, dolor, pasión, fulminó, terrible, ardiente, amargura, ilusión, candorosa, fatalidad, calumnia, suspiros, entrañas,
remordimientos, lupanar, luto, cementerio, duelo, cadáver, ataúd,
entierro, tétrico, lúgubre, larvas, esqueleto.*

(12) El lenguaje de "la ciencia", como le llamó irónicamente
Clarín, aparece también empleado como recurso de caracteriza-

Aparte de esas manifestaciones de época, a las que un escritor sensible y bien informado no hubiera podido escapar, encontramos en el vocabulario de Alas ciertas palabras y giros que corresponden a un léxico especializado, reflejo de la erudición del autor en zonas muy determinadas del saber. En esta categoría pueden incluirse, en un orden paralelo a su insistencia: las referencias a la terminología de la arquitectura: *ojivas, arcos peraltados, dovelas, cimientos, almenas, pirámides, tabique, pared maestra, galerías, muros, gótico, románico, mudéjar, ojival, dórico, jónico, corinto, columnas, doseletes, hornacinas, capiteles*; el vocabulario sociopolítico y las alusiones a la ciencia económica: *injusticia distributiva, igualdad, federación, repartos, masas proletarias, prosélitos, burgueses, aristócratas, plebe, plebeyos, revolución social, socialismo, anarquistas, capital, salarios, factorías, clases privilegiadas, librecambio, proteccionismo, dejar hacer y dejar pasar, oferta, demanda, progreso*; el vocabulario jurídico y las expresiones curiales, de rancio sabor formulaico (13): *a beneficio*

ción pedante. Véase como ejemplo el cómico duelo de falsa erudición entablado a "palabrotas" científicas y "sentencias en latín" entre dos personajes de *La Regenta* (págs. 284-286).

(13) Aunque el vocabulario jurídico forma parte de la tendencia erudita del léxico clariniano y aparece con frecuencia en boca del propio autor, en estilo indirecto, lo encontramos también ironizado en un comentario adverso: "Hasta en el estilo se notaba que Quintanar carecía de carácter. Hablaba como el periódico o el libro que acababa de leer, y algunos giros, inflexiones de voz y otras cualidades de su oratoria, que parecían señales de una *manera* original, no eran más que vestigios de aficiones y ocupa-

de inventario, catastro semoviente, foro, subforo, enfi-
teusis, embargos, anotaciones preventivas, sucesión «in-
ter vivos», lesión enormísima, donación, causante, —en
sentido jurídico— *concurso de acreedores, condenado en*
costas (14). Y el vocabulario litúrgico o lenguaje clerical que por su abundancia y variedad, constituye un
grupo léxico muy relevante en la prosa clariniana y,
en *La Regenta*, logra además resonancias temáticas y
tiene una notable función caracterizadora. Las palabras
que se refieren a la religión como credo y a la Iglesia
como institución espiritual, menos abundantes que las
relativas al culto católico externo, aparecen impregnadas de exaltación y misticismo: *santidad, unción, fuego*
divino, devoción, fervoroso, piedad, fe, comunión, vaso
sagrado, pasión mística, el Señor, el mártir, Calvario,
Cristo, el Justo, caridad, creyentes, martirio —en sentido cristiano—, *aceite santo, milagro, revelación, paraí-*
so, misterio sagrado, alma, oración. Pero es en el voca-

---

ciones pasadas. Así, hablaba a veces como una sentencia del Tri-
bunal Supremo, usaba en la conversación familiar el tecnicismo
jurídico, y esto era lo único que en él quedaba del antiguo magistrado" (R, 304. El subrayado es del autor).

(14) *Bienes parafenales, en perjuicio de tercero, consideran-*
do, resultando, fallo que debo condenar y condeno, protocolos no-
tariales, te personas en casa de..., alzarse en casación, desahucio,
testamentos, codicilos, legados, particiones, curatelas, mejoras, le-
gítimas, frutos civiles, hijuelas, la curia, los peritos, bienes raíces,
bienes muebles, servidumbre de paso, aparcería, laudemio, re-
tracto, derecho consuetudinario, escritura matriz, apremio, su-
cesión abistentato, transmisión de dominio, domiciliado según los
requisitos de la ley en casa de sus señores padres.

bulario relativo al clero, a los atributos del dogma, a las jerarquías eclesiásticas, las vestiduras, los objetos del culto y, en general, al mundo de la Iglesia como entidad material y terrena, donde la erudición de Clarín resulta extraordinaria, y la precisión minuciosa de las palabras, tanto como su abundancia y reiteración constantes, imponen con mayor eficacia su vigoroso efecto evocador de un ambiente clerical bien definido y tangible: *iglesia, catedral, parroquia, diócesis, templo, claustro, convento, cofradía, capillas, confesionario, coro, trascoro, altar, trasaltar, nave, abside, sacristía, crucero, púlpito, retablo, nicho, fieles, beata, devota, penitente, pecadoras, hijas de confesión, Hijas de María, ovejas descarriadas* —en sentido cristiano— *cartujo, monjas, señal de la cruz, santiguarse, crucifijo, examen de conciencia, agua bendita, novenas, jubileo, traje, talar, muceta, casulla, capas pluviales, sotana, manteo, roquete, capa de coro, misa, dogma, catecismo, devocionario, tonsurado, cántico canónico, cálices, patenas, vinajeras, lámparas, sagrarios, cera, incienso, cirios, hostias, paños de altar, santuario, eucaristía, sermones, reconciliar* —en sentido eclesiástico— *capellanías, bulas, reservas, Teología, Evangelios, sacramentos, excomulgar, simonía, eclesiástico, Corazón de Jesús* (15).

_____

(15) El autor parece estar muy consciente del impacto material de esas palabras relativas al culto externo y de su función representativa de una religiosidad convencional y pervertida: "De Pas se vió cogido por la rueda que le sujetaba diariamente a las fatigas canónicoburocráticas; sin pensarlo, contra su propósito, *se encenagó* como todos los días en las complicadas cuestio-

Es un estrato más íntimo del sistema expresivo de Clarín, anotamos en su vocabulario ciertos matices que recogen, en el nivel léxico, las proyecciones de un temperamento extremista, fuertemente inclinado hacia la selección de palabras enfáticas, muchas veces hiperbólicas y preñadas de una muy intensa carga de restallante pasión. Por toda la obra de Alas, lo mismo en boca de sus personajes que en los pasajes descriptivos y en el estilo indirecto propio de la narración, aparecen con insisten cia palabras de contenido adverso, que transparentan una actitud despectiva muy generalizada y vehemente: *cursis, podrida, negra, sucia, raída, ruines, necios, madrigueras, cuevas, viejos, arruinados, tugurios, plebe, tortuosas, cloacas, mezquino, pocilga, casuchas, míseros, energúmenos, vocinglero, cuatro pillos, mequetrefes, espantajos, torcida, manchada, confesata, infames, malvados, inmundicia, miasmas, covachuelismo, miserable, sórdido, rapavelas, comistrajos, negruzco, pillastre, asqueroso, podredumbre, basura, pústulas, terminachos, libre-*

---

nes de su gobierno eclesiástico, mezcladas hasta lo más íntimo con sus propios intereses y los de su señora madre; con *cien nombres* de la disciplina, muchos de los cuales significaban en la primitiva Iglesia poética, puros objetos de culto y de sacerdocio, se disfrazaba allí la eterna cuestión del dinero: *espolios, vacantes, medias annatas, patronato, congruas, capellanías, estola, pie de altar, licencias, dispensas, derechos, cuartas parroquiales... y otras muchas docenas de palabras iban y venían, se combinaban, repetían y suplían, y en el fondo, siempre sonaban a metal...*" (R, 202).

jo, andrajos, alcantarillas inmundas (16). Dentro de este grupo léxico, que muy bien pudiera denominarse el vocabulario de la pasión, pueden incluirse también las palabras agresivas o violentas como *furor, devorar, garra, agarrar, arrancar, presa, domador, despedazar, rasgar, ira, rencor, maligna, cruel, rugir, estallido, venganza, maldiciones, iniquidad*; y las palabras sensuales, impregnadas de intenso erotismo: *lascivo, lascivia, lúbrica, lubricidad, lujuria, voluptuoso-sa, placer carnal, placer material, delicia, ardientes, abrasadores, deliquio, orgía, libertino, gozar, extraño placer, sensación, extravíos, pasión, excitaciones, gozar, amor físico, sentidos, locuras sabrosas y sofocantes, deleites, caricias, bacanal, arrebatos eróticos* (17).

---

(16) La relación de las palabras despectivas o insultantes que se destacan en la prosa de Clarín pudiera ser muy extensa y sin necesidad de ser exhaustiva, resulta impresionante: *desfachatada, calleja, rastrera, vejete, chocho, charlatán, sinvengüenza, libertino, bobalicón, mediquillo grosero, trotaconventos de salón, vejez de bruja, mojigatos, monstruos asquerosos, fatuos y adocenados, vejete semiidiota, grandísimo pillo, grandísimos puercos, salvaje, animal, bribón, obispillo de levita, pobretes, palabreja, mala pécora, montón de escorias, gazmoña miserable, hipocritona, abyección, clerigalla, sanguijújuelas místicas, ludibrio, estercolero, lodazal, andrajos, pajarraco, nubarrajo, mayorazguetes, librepensadorzuelos, miserable gentuza.*

(17) Algunas de estas palabras aparecen con tanta frecuencia en la prosa clariniana que se imponen como preferencias léxicas muy definidas y pudieran considerarse claves de su vocabulario expresivo. Entre ellas anotamos como más reiteradas: *lubricidad, lascivia, voluptuosidad, delicia, placer,* y *lujuria,* con todas sus variaciones morfológicas, y en una tónica bien diferen-

Y por último, a la variedad y a la intensidad afectiva que se advierten en el léxico clariniano y que son reflejos claros de la erudición y del temperamento apasionado del autor, respectivamente, precisa añadir como un tercer aspecto predominante y relativo a su facultad creativa, la extraordinaria fuerza plástica y pictórica de su lenguaje, productos de una decidida voluntad de forma, que se traduce en un constante esfuerzo intelectual por captar en palabras sustanciales, de preferencia concretas, el intangible mundo de sus concepciones artísticas (18).

La conciencia estética de esos distintos matices y dimensiones de la palabra aparece bastante clara y más o menos explícita de las variadas alusiones al lenguaje y al estilo que se recogen a lo largo de la obra de Clarín, bien sea de boca de los personajes o de irónicos comentarios a cargo del propio autor. El abolengo de la sencillez clásica (19); y en el extremo opuesto, la cur-

---

te: *elegante, delicado, suave, espiritual, dulce*; y *seco, frío, triste, podrido*. Algunas palabras son claves que funcionan como resonadores de los temas, y ese es el caso de las incesantes referencias a la *soledad* y el *aislamiento* en "¡Adiós, Cordera!" y "Doña Berta".

(18) El concepto de la palabra como instrumento de representación tangible o sea, la aspiración a la palabra-imagen visual, parece haber sido un aspecto consistente del criterio lingüístico de Alas, y así lo refleja en el nivel léxico el empleo frecuente de palabras como *dibujo, línea, forma, composición, color, cuadro, plástico, plasticidad, palpable, imagen, contornos*.

(19) "Sus dioses eran Garcilaso y Marcial, su ilustre paisano" (R, 30). "Los poetillas y gacetilleros tenían en él un censor so-

silería del romanticismo decadente (20); la claridad y la
precisión como atributos del lenguaje, en contraste con
las ampulosidades retóricas (21); la tendencia impresionista, que pide fuerza plástica a las palabras (22), y

---

carrón y malicioso, aunque siempre cortés y afable... —He visto
aquello... No está mal; pero no hay que olvidar lo de *versate
mane*. ¡Los clásicos, Trifoncillo, los clásicos sobre todo! ¿Dónde hay sencillez como aquella: Yo he visto un pajarillo/posarse
en un tomillo?" (R, 31).

(20) Véase como ejemplo definidor de una época, de un estilo de vida y de un nivel social específico que Clarín califica
de cursi y fustiga sin cesar, la canción a la luna, recuerdo de
"unos amores románticos rabiosos" de doña Anuncia de Ozores
(R, 71). Y como una referencia más concreta al lenguaje romántico: "Quintanar había llegado a viejo sin saber 'cual era su des-
tino en la tierra', como él decía usando el lenguaje del tiempo
romántico, del que le quedaban algunos resabios" (R, 304).

(21) "Deleitábale singularmente [a un vejete semiidiota] la
prosa amazacotada de un periódico que tenía fama de hábil y
circunspecto. Los conceptos estaban envueltos en tales eufemis-
mos, pretericiones y circunloquios, y tan se quebraban de sutiles,
que el viejo se quedaba siempre a las buenas noches. —¡Que
habilidad!— decía, sin entender palabra... Una noche despertó
a su esposa... diciendo: —Oye, Paca, ¿sabes que no puedo dormir?... A ver si tú entiendes esto que he leído hoy en el periódico: 'No deja de dejar de parecernos reprensible...'. ¿Lo entiendes tú, Paca?. ¿Es que les parece reprensible o que no?. Hasta
que lo resuelva no puedo dormir" (R, 91-92).

(22) Las referencias que hace Clarín a la fuerza plástica o
pictórica de la palabra son muy numerosas y delatan, como antes
hemos señalado, una tendencia consistente a la materialización
de lo intangible: "La elocuencia era aquello, hablar así, *que se
viera lo que se decía*" (R, 135); "le fatigaban las ideas abstractas,
sin representación visible, plástica y su cerebro tendía a simboli-

el reconocimiento de las limitaciones del lenguaje como vehículo de la expresión pictórica (23); el valor de las palabras portadoras de contenidos esenciales, y el desprestigio en que las sumió la exageración de los románticos (24); la intransigencia del purismo idiomático,

---

zar todos los anhelos de su alma (B, 1005); "Menéndez y Pelayo nota en él esa *fuerza plástica para pintar*, para reflejar *con palabras* la vida que le rodea con todas sus *formas y colores*; el vigor satírico nace en Juan Ruíz principalmente de esa fuerza, que es sin duda su principal mérito", (P, 23); "pues Castelar no recuerda... sino *cuadros*, grandes *cuadros*, el pasado redivivo, con sus *colores*, sus *formas*, sus movimientos y sonidos, merced a la magia de una fantasía que *va pintando* en el cerebro las bellezas, que en seguida va *esculpiendo la palabra*" (P, 41). ""Pero la claridad de su discurso era transparente como el cristal: *podía pintarse casi todo lo que decía*"; (Cam, 1120).

(23) "La verdad era que De Pas no tenía en su imaginación la fuerza plástica necesaria para pintar en sus sermones las escenas del Nuevo Testamento con alguna originalidad y vigor. Cada vez que necesitaba repetir lo de *Y el verbo se hizo carne*, en lugar del pesebre y el Niño Dios, veía, dentro del cerebro, las letras encarnadas del Evangelio de San Juan, en un cuadro de madera en medio de un altar: *"Et verbum caro factum est"* (R, 193. Los subrayados son del autor).

(24) "Escribía [Bonifacio] con mayúscula las palabras a que él daba mucha importancia, como eran: amor, caridad, dulzura, perdón, época, otoño, erudito, suave, música, novia, apetito y otras varias" (Suh, 557). Es interesante valorar los matices léxicos de esa yuxtaposición de palabras que el autor califica irónicamente de "importantes". Véase el comentario de Mariano Baquero Goyanes acerca de la "oscilación entre espiritu y materia, entre los sueños románticos y los hábitos burgueses" que esa enumeración de conceptos refleja. *Prosistas españoles*, pág. 62. En cuanto a la eficacia estilística de las mayúsculas, en ocasiones resulta difícil

contrapuesta a la invasión de extranjerismos (25); el afán de modernidad y de tecnicismo y palabras compuestas, como manifestación de la mediocridad burguesa (26); la pulcritud y el aristocratismo léxicos, como

---

determinar si el autor ironiza o expone su propio criterio sobre ese recurso expresivo romántico: "Don Pompeyo no creía en Dios, pero creía en la Justicia: En figurándosela con J mayúscula, tomaba para él cierto aire de divinidad, y, sin darse cuenta de ello, era idólatra de aquella palabra abstracta. Por la Justicia se hubiera dejado hacer tajadas. La Justicia le obligaba..." (R, 340). Por otra parte, a despecho de la crítica que esos comentarios implican, Clarín suele destacar con mayúsculas los contenidos esenciales de algunos nombres comunes, como *naturaleza* (R, 72, 360; Suh, 686, 687; Z, 901; Dlc. 949, etc.); *religión* (R, 178); *humanidad* (R, 392; DA, 960, etc.); *universo* (EdP, 944-945).

(25) "Era preciso cenar antes de salir; después de hacer el tocado, como con gran afectación decía don Casto, cuyo proteccionismo se extendía al idioma.

—Yo no uso galicismos —gritaba, ardiendo en la pura llama del patriotismo gramatical.

Y era verdad que no los usaba a sabiendas, que es el único modo de usarlos que consiente la gramática de la Academia...

Como se compone y emperejila, si don Casto permite la palabra, la hija de un pobre en la ocasión solemne y extraordinaria de ir al teatro?" (A, 859). Acerca de la actitud de Clarín con respecto a la reacción purista en el lenguaje, véanse los comentarios que comienzan con su declaración franca y explícita: "escribo para mis contemporáneos, y escribo... con algunos galicismos" (Sl, 13).

(26) "Esas palabrejas compuestas, separadas por un guión, le encantaban; cuando empezó a saber de ellas, que no hacía mucho, las extrañó bastante, y creía que no era castellana esa concordancia de lírico-dramática, por ejemplo. 'Será lírica-dramática', sostenía don Casto; pero cuando se convenció de que era

reacción contra las formas familiares del habla (27); y otros varios aspectos de la pugna idiomática que caracterizó al siglo XIX son objetos de abundantes referencias irónicas, mediante las cuales el autor da cuenta de su posición, a menudo contradictoria o quizás estaría mejor dicho ecléctica, ante las transformaciones de la prosa literaria española, a las que como artista y como crítico no pudo menos que contribuir (28).

---

lírico-dramática y democrático-monárquica, encontró un encanto especial en esta clase de vocablos, y a cada momento los usaba, bien o mal emparejados" (A, 855).

(27) "Tenía el abogado Valcárcel que luchar en sus discursos forenses con el lenguaje ramplón y sobrado confianzudo que se usaba en su tierra, y que aun en estrados pretendía imponérsele; mas él, triunfante, sabía encontrar equivalentes cultos de los términos más vulgares y chabacanos; y así, en una ocasión, teniendo que hablar de los pies de un hórreo o de una panera, que en el país se llaman *pegollos,* antes de manchar sus labios con semejante palabrota, prefirió decir 'los sustentáculos del artefacto, señor excelentísimo' (Suh, 563). La ironía implícita en ese comentario se evidencia aun más al observar que Clarín emplea la misma "palabrota", con todo el prestigio y la frescura de su ancestro regional, en una de sus más poéticas y afectivas descripciones (DB, 722. El subrayado es del autor).

(28) Resulta curioso comprobar la frecuencia con que Clarín emplea los recursos verbales que, por otra parte, satiriza sin cesar. Diríase que en su amargo repudio del ambiente de su época, adopta un lenguaje paródico, mediante el cual se burla de sí mismo como integrante de una sociedad que con vehemencia abomina.

El sustantivo.

En el mundo del lenguaje, el sustantivo es la categoría más objetiva y, en consecuencia, la menos reveladora de las vibraciones expresivas de un estilo. Como elemento designador de entes su oficio rígido y sobrio suele limitar las facultades volitivas del artista a una selección impuesta por factores externos y que deja poco margen a la matización estilística (29). Esa rigidez característica del nombre se acentúa, por razones bien obvias, en los procedimientos realistas, centrados básicamente en las técnicas descriptivas, y cuya suprema aspiración sería representar el mundo exterior con la exactitud y precisión de la palabra sustantiva y concreta (30).

Es innegable que en la prosa de Clarín la selección y el manejo de los elementos nominales obedecen a un claro designio expresivo que impregna al sustantivo de resonancias temáticas o le hace portador de impresiones plásticas o pictóricas, de intención irónica o de efectos caracterizadores. Pero los fundamentos idiomáticos de esa irradiación de matices no parecen encontrarse siempre en las formas sustantivas mismas (31), sino en

---

(29) El término "palabra-cosa" (Dingwort), que en alemán se aplica al nombre común, expresa muy claramente esa cualidad inmanente en el sustantivo. Snell, págs. 147-63.

(30) Acerca de la oposición entre el realismo como verdad objetiva y la novela como creación artística, véase: Harry Levin, *The Gates of Horn: A Study of Five French Realists* (New York, 1963), págs. 24-83 y 445-471.

(31) En punto a la composición y derivación de las palabras

el intenso proceso calificador que las especifica o anima, en la acumulación de sus contenidos semánticos en
series más o menos reiterativas, o en la influencia de
otros elementos lingüísticos asociados a los contextos.
Y si los nombres sustantivos parecen a menudo rebasar
sus contenidos léxicos, es mediante un constante aprovechamiento de las posibilidades metafóricas del lenguaje o de la vitalidad que proporciona a las palabras el
contraste antitético.

En el ámbito de la onomástica, donde el autor dispone de un mayor arbitrio para nominar a los hijos de
su fantasía de acuerdo a sus preferencias, la apasionada
voluntad de expresión que preside el procedimiento artístico de Clarín quiebra los moldes estereotipados del
santoral católico y la rutina de las costumbres con numerosos nombres alusivos, irónicos o simplemente cómicos, por razón de sus efectos fónicos o de su insólita
extravagancia. No es siempre fácil precisar con válidos
comentarios la motivación de ciertos nombres que se
perciben como significativos en la nómina de las criaturas clarinianas, porque se trata de un recurso multi-
valente, que exige al lector una versátil capacidad de
interpretación y un cierto grado de afinidad con el autor y su ambiente. Y aun con todo ello, el proceso de la
motivación de las palabras es tan oscuro y complejo,

---

y, en general, a los dictados de la gramática lógica, fue Alas un
escritor muy ortodoxo. Toda desviación de las normas aparece
en su obra señalada en letra cursiva y seguida de aclaraciones
irónicas que excusan al autor ("como él siempre decía", "como se
dice ahora", "en el estilo de...").

que sus fundamentos pueden permanecer impenetrables en la subjetividad del artista, o pueden también ser objeto de interpretaciones erróneas, basadas, a su vez, en las asociaciones que el nombre provoca en el lector (32).

Una alusión muy temprana, tras de la que puede percibirse ya la habitual nota de ironía, advierte acerca de la importancia que el autor reconoce a la sonoridad como atributo arbitrario y externo de los nombres propios y como falso aditamento a los valores personales. En el primer número del periódico manuscrito redactado por él a los diez y seis años de edad, decía: «Sí, señores, yo me llamo Juan, lo mismo que pudiera llamarme Pedro, Antonio, Nicolás, Andrés y aun pudiera llamarme Andana, que es cuanto un hombre puede llamarse, si al padrino se le hubiera metido en la chola (33). Esto es un despotismo: ¿porqué el hombre no había de llamarse como se le antojara?. Y a buen seguro que si

---

(32) Acerca de las palabras motivadas véase Stephan Ullmann *Lenguaje y estilo*, Versión española (Madrid: Aguilar, 1968), págs. 48-59.

(33) "Llamarse Andana" es un coloquialismo que significa desdecirse o desentenderse de lo que se dijo o prometió. *Diccionario de la lengua española* (Madrid: Real Academia Española, 1956). Esa aversión a llamarse Andana, con su esotérica nota de humorismo, y la misma actitud crítica hacia la falta de lógica de los nombres propios aparece más tarde en uno de sus cuentos: "Restituta debió empezar por no llamarse Restituta. A que venía ese nombre en participio pasado y casi en latín?. Sin embargo, esa contrariedad léxica no desorientó a Pablo. No era lo peor que Restituta se llamase Restituta, sino que, además, se llamaba Andana" (DS, 923).

en mí hubiera consistido otro nombre tuviera que algo mejor sonara. ¿Hay cosa peor en este mundo que ser un pobre Juan?» (34).

Ese irónico aprecio de los valores fónicos preside en muchos casos la elección de los nombres cargados de aliteraciones y asonancias que Clarín adjudica a sus personajes, pero el recurso artístico, aunque tal vez intencionado, se mantiene dentro del marco de la tradición onomástica española, también muy recargada de nombres largos y sonoros. Y al parecer, no hay nada de extraordinario en nombres como don *Cayetano Ripamilán*, aunque el autor aumente su resonancia con la aclaración inmediata «de *Calatayud*» (R, 29); don *Pompeyo Guimarán*, alguna vez ironizado con el juego fónico «*Oh, tú, Pompeyo, pomposo Pompeyo*» (R, 354); doña *Rufina de Robledo, marquesa de Vegallana* (R, 116); don *Robustiano Somoza*, «el *roza*gante médico de la nobleza» (R, 219); don *Francisco de Asís de Carraspique*, don *Restituto Mourelo*, doña *Petronila Rianzares* (R, 179, 32 y 211), doña *Berta de Rondaliego* (DB, 721) y otros semejantes. Pero en ocasiones la concepción que tenía Clarín del nombre propio como una palabra absurda y arbitraria, que vale tanto como sus sonidos, se desorbita en nombre inventados, cuyo matiz caricaturesco roza lo esperpéntico: don *Pantaleón de los Pantalones* (DS, 922), don *Patricio Clemente Caracoles y Cerrajería* (DP, 293), do-

---

(34) Facsímil reproducido por Posada, pág. 91.

ña *Purificación de los Pinzones de Covachelón* (Dbac, 349), don *Críspulo Crespo* (Suh, 570) (35).

En otra serie de nombres, la motivación, aunque esporádicamente esté apoyada por la sonoridad de las palabras, es etimológica o semántica y parece estar relacionada unas veces con las circunstancias o las características de los personajes y otras con ciertos aspectos de los temas mismos. A veces, la relación que motiva el nombre es coincidente y tan obvia, que las palabras se hacen transparentes y concentran en sus significados el retrato moral, el motivo temático o ambas cosas, y es lo que sucede en los casos de don *Juan Nepomuceno*, el tío mayordomo, curador y administrador de los bienes de Emma Valcárcel, en cuyo nombre resalta una clara alusión al nepotismo (Suh, 565); *Serafina Gorghe ggi*, cantante a la que alguna vez se alude como «la Gorgoritos» y cuyo nombre tiene una evidente relación con el verbo italiano «gorgheggiare», que significa «gorjear» (Suh, 632); *Angel Cuervo*, personaje que se llama a sí mismo «paño de lágrimas de toda la población» y que otros consideran con un «parásito de la muerte» (C, 762); don *Casto Avecilla*, criatura humilde y seria, a quien el autor presenta con una mirada parecida a «la de la codorniz sencilla» y «libre de todo mal pensamiento», con una vida «exageradamente casta, si en tal virtud

---

(35) John W. Kronik ha señalado ese fundamento estrictamente lingüístico de la comicidad que resalta en algunos de los nombres propios inventados por Clarín y los valores temáticos o caracterizadores que otros contienen. "The Function of Names in the Stories of Alas", *MLN*, 80 (1965), 260-65.

cabe la exageración» (A, 857, 866); don *Leandro Lobez-no*, millonario presidente de la Juventud Católica, cuyos bienes habían sido mal adquiridos (R, 336) (36); *Visitación Olías de Cuervo*, también llamada *Visita*, una dama que pasa la vida ocupada en tratar asuntos de los demás y en comer en casas ajenas, y a la que se alude como «la urraca ladrona», por su manía de cometer pequeños hurtos (R, 212, 122). A veces la motivación etimológica aparece muy clara, y los nombres resultan francamente burlescos, como en el caso del sapientísimo don *Eufrasio Macrocéfalo* (Lms, 929), o de don *Pánfilo Saviaseca*, personaje al que Clarín describe despiadadamente, con sus «ojos hundidos, tristes y apagados», y su «boca de labios pálidos y delgados, que jamás sonreía para el placer sino para la resignación y la amargura», con su «frente rugosa y abatida, desierta de cabellos», y «el cuerpo mustio y encorvado, de pesados movimientos, sin gracia y achacoso» y a quien niega toda posibilidad de haber sido joven o sano alguna vez (DA, 957). Pero en otras ocasiones, como sucede con *Bonifacio Reyes* y con su sobrenombre *Bonis*, la alusión puede pasar muy desapercibida, porque el uso frecuente hace olvidar las raíces etimológicas de un nombre (bonus-facies) que encierra en sus componentes las notas que anticipan el retrato del sufrido y buen mozo marido de Emma Valcárcel, criatura que Clarín describe como «un hombre pacífico, suave, moroso, muy

---

(36) Para percibir esa alusión es preciso recordar que en el léxico de germanía, la palabra *lobo* tiene la acepción de *ladrón*.

sentimental, muy tierno de corazón... guapo a lo romántico... rostro ovalado pálido...» (Suh, 557) (37).

Esa aguda percepción de las relaciones que existen
entre «el ser» y «el llamarse» condujo a Clarín a una
técnica onomástica tan depurada, que a veces logra reflejar las etapas que marcan la trayectoria de una vida
en las variaciones morfológicas de un mismo nombre.
Asi, el humilde, pero auténtico *Cayetano Dominguez*, natural de Valencia, «que había asistido en su infancia a
los azares de la miseria», pobre niño huérfano a quien
«los demás pillastres de su barrio llamaban *Minguillo*»,
más tarde, cuando es adulto y bastante pícaro se llama
a secas *Mingo*, y después de viajar por Italia y de volver a España «de corista en una compañía de ópera, hablando italiano y con mucho mundo», pasa a ser «ya
Minbhetti, ya *Gaetano*» (Suh, 659).

En otros casos, por el contrario, lo que motiva el
nombre es precisamente la falta de relación entre su
significado y las características o circunstancias del personaje, que puede llamarse don *Francisco de Asís de Carraspique* aunque, a diferencia del santo de su nombre,
que mereció ser llamado El Pobrecito de Asís, se distinga únicamente por sus millones y sea «uno de los
individuos mas importantes de la Junta Carlista de Vetusta. y el que hizo más *sacrificios pecuniarios* en tiempo oportuno» (R, 179-180. Los subrayados que aparecen
entre las comillas son del autor). La selección de un

---

(37) Véanse más ejemplos de nombres propios significativos
en el citado artículo de J. W. Kronik.

nombre propio inadecuado, que abruma y disminuye con su importancia a una criatura humilde, es otra modalidad de contraste que Clarín emplea con una intención satírica muy explícita en el caso de «el pobre Zurita», víctima de la pedanteria de «su señor padre», amanuense de Hermosilla, muy amante de los clásicos, que tuvo la ocurrencia de llamar a su hijo *Aquiles*, sin reparar en que «era un nombre ridículo en él», que no era «el hijo de Peleo», ni se parecía en nada «al vencedor de Héctor» (Z, 898-901). Y también parece ser la técnica que motiva el mote de Bismarck, «pillo ilustre de Vetusta llamado con tal apodo entre los de su clase, no se sabe porqué», aunque en este caso el contraste funciona a la inversa, y es el Príncipe Bismarck, genio político y diplomático, fundador del imperio alemán, con su nombre ilustre circulando en las cajas de cerillas y sirviendo de apodo a un pillo «de la tralla», quien resulta disminuído por la implacable sátira clariniana (R, 8-9).

Las implicaciones del contraste provocado por un nombre pueden ser aún más sutiles y pueden trascender el propósito satírico para resultar en una más profunda y patética ironía, como sucede con el inadecuado sobrenombre de Ana Ozores, título y a la vez alusión temática de la más importante novela de Clarín. Porque «la digna, y virtuosa y hermosísima esposa de don Victor Quintanar», mal llamada *la Regenta*, por razones circunstanciales que el autor se esfuerza mucho en explicar (R, 34), parece hacer honor a su prestado sobrenombre y «regir» literalmente con su conducta intachable la moral de la sociedad vetustense. «Será Ud. *La Regenta* de Vetusta, Anita... Será Vd., *la Regenta*» le habían dicho en el día de su boda (R, 86). Y así fue por mucho tiempo, aunque su título fuera tan solo una palabra sin exacto contenido. La pulcra imagen de recato y dignidad que proyecta Ana Ozores y que los vetustentes exaltan en numerosos comentarios va siempre unida a la resonancia de su postizo sobrenombre, que la envuelve en una aureola de respeto, al par que le impone las responsabilidades implícitas en su contenido semántico:

> Su alma se regocijó contemplando en la fantasía el holocausto del general respeto, de la admiración que como virtuosa y bella se le tributaba. En Vetusta, decir *la Regenta* era decir la perfecta casada (R, 52).

> Aquello era demasiado.
> Se podía murmurar, hablar sin fundamento, pero no tanto. Vaya por el magistral y el secreto de la confesión, ¡pero tocar a *la Regenta*!. Era un imprudente aquel sietemesino, sin duda (96).

> —¡Hombre... *la Regenta*..., es algo mucho! (96).

> Y ese señor don Juan Tenorio puede llamar a otra puerta, que *la Regenta* es una fortaleza inexpugnable (101).

> Los grupos se abrían para dar paso a *la Regenta*. Los mozalbetes más osados acercaban a ella el rostro con cierta insolencia; pero la belleza bondadosa de aquella cara de María Santísima les imponía admiración y respeto.

Las chalequeras no murmuraban ni reían al pasar Ana.

—¡Es *la Regenta*! (141).

—¡So bruto!; ¡Mira que es *la Regenta*! (141).

Pero el prestigio y el acatamiento que parece concederle su nominal preeminencia funciona también a la inversa, provocando la osadía de los conquistadores y la irritación de otras damas, ya pervertidas:

Se animó Joaquín con el buen éxito de sus murmuraciones, y sostuvo que era cursi aquel respeto y admiración que inspiraba *la Regenta* (97).

Era preciso acabar con las preocupaciones del pueblo. ¡*La Regenta*! ¿Dejaría de ser de carne y de hueso? (98).

¿Qué sabía Vetusta de estas cosas?. Tan mujer era *la Regenta* como las demás; ¿porque se empeñaban todos en imaginarla invulnerable?. ¿Qué blindaje llevaba en el corazón?. ¿Con qué unto singular, milagroso hacía incombustible la carne flaca aquella hembra?... Para lo que servía aquel supersticioso respeto que inspiraba a Vetusta la virtud de *la Regenta*, bien lo conocía él, para aguijonearle el deseo, para empeñarse más y más... (110).

La aburría tanta alabanza. Todo Vetusta diciendo: «*La Regenta*, *la Regenta* es inexpugnable». Al cabo llegaba a cansar aquella canción eterna. Hasta el modo de llamarla era tonto. ¡*La Regenta*! ¿Porqué?. ¿No había otra?. Ella lo había sido en

Vetusta muy poco tiempo. Su marido había dejado la carrera muy pronto. ¿A que venía aquello de *Regenta* por aquí, *Regenta por allí*? (128).

«—¡*La Regenta*!». ¡Bah! *La Regenta* será como todas... Las demás somos tan buenas como ella... Pero su temperamento frío, su poco trato, su orgullo de mujer intachable, la hacen menos expansiva, y por eso nadie se atreve a murmurar (276).

Y hasta en ocasiones parece que el implacable asedio del seductor Mesía no se dirige tanto a la confusa y sensual mujer que es Ana Ozores, como a la condición de *Regenta* de Vetusta que ella sin querer ostenta:

—Ah, *Regenta, Regenta*, si venzo al fin!... Ya me las pagarás! (312).

Al final de la novela, el peso muerto de ese arbitrario sobrenombre, que el autor relacionó siempre con el rango moral de su personaje, hace más desastrosa la caída y más imperdonable la degradación de una simple mujer que no supo ni siquiera regir su propia vida, ni tuvo nunca de *Regenta* más que la forma externa de una palabra vacía:

Celedonio sintió un deseo miserable, una perversión de la perversión de su lascivia; y por gozar un placer extraño, o por probar si lo gozaba, inclinó el rostro asqueroso sobre el de *la Regenta*, y le besó los labios (554).

Los contenidos alusivos de un nombre propio tipificado por la fama o por los efectos de la caracterización pueden ser amplificados y convertidos en apelativos de gran concentración calificadora mediante el empleo de un artículo que fija sus atributos y los generaliza:

Pero no importa, el magistral no atiende a nada de eso; no ve allí más que riqueza; *un Perú* en miniatura, del cual pretende ser *el Pizarro* espiritual (R, 18).

Se vistió lo más correctamente que supo, y después de verse en el espejo como *un Lovelace* que estudia arqueología en sus ratos de ocio, se fue a casa de doña Obdulia (25).

Una tarde... hablaron las dos hermanas de un asunto muy importante (la conducta futura de Ana). —¿Si será *una Obdulita*?.
—O *una Tarsilita*. ¿te acuerdas de Társila, que tuvo aquel lance con aquel cadete y después con Alvarito Mesía no se qué amorios? (70).

Don Amadeo era el don *Saturnino Bermúdez* de la tropa (92).

Usted podrá ser un viejecito verde, pero no es un magistral..., un provisor..., *un Candelas* eclesiástico (164).

La salvación era un negocio, el gran negocio de la vida (decía el magistral). Parecía *un Bastiat* del púlpito. «El interés y la caridad son una misma cosa» (194).

O pueden también ser pluralizados, con la misma intención generalizadora, que los convierte en una peculiar variante del nombre común, de gran eficacia expresiva como síntesis de cualidades estereotipadas en sus contenidos (38):

y otros y otros ilustres *Américo Vespucio* del barrio de la Colonia (R, 18) (39).

Estaba cansado de *Obdulias y Visitaciones* (36).

Todo eso de hacerse monja sin vocación estaba bien para el teatro; pero en el mundo no había *Manriques ni Tenorios* que escalasen conventos, a Dios gracias (83).

El poder de evocación inherente a los nombres propios esclarecidos por la fama y a su significación en el tiempo y en el espacio aparece aprovechado por Clarín como un sutil elemento caracterizador:

---

(38) Acerca de la verdadera índole del nombre propio y su conversión en nombre común mediante la pluralización véanse: Otto Jespersen, *The Philosophy of Grammar* (Londres: George Allen & Unwin, 1963), págs. 64-71 y Eugenio Coseriu, "El plural en los nombres propios", *Teoría del lenguaje y lingüística general* (Madrid: Gredos, 1967), págs. 261-281.

(39) Aparte de su función expresiva, esa denominación genérica que Clarín aplica a los españoles enriquecidos en América, a los que también llama *vespucios* (75), constituye un testimonio lingüístico de la tensión provocada por el nacimiento de una nueva clase social, y tiene relevancia histórica.

Los recibió el señor Guimarán en su despacho, lleno de periódicos y bustos de yeso, baratos, que representaban bien o mal a *Voltaire, Rouseau, Dante, Franklin* y *Torcuato Tasso,* por el orden de colocación sobre la cornisa de los estantes, llenos de libros viejos (R, 348) (40).

La aclaración que hace el autor cuando dice: «por el orden de colocación sobre la cornisa de los estantes» delata su intención irónica y pone a cargo de la pedantería y la incultura del señor Guimarán, iconoclasta a medias, la mezcolanza y la anarquía que se perciben en esa significativa relación de nombres.

Los nombres propios de lugares, menos reveladores que los de personajes, no parecen haber sido con tanta frecuencia instrumentos de la voluntad de expresión clariniana. Aparte de la extraordinaria carga de alusiones implicadas en la sustantivación del adjetivo *vetusta* y en su exaltación a la categoría de nombre propio de la ciudad que el autor personifica y «escudriña por el alma y por el cuerpo» en *La Regenta,* poco más encontramos de interés estilístico en las creaciones toponímicas de Clarín (41).

---

(40) Las alusiones a personajes famosos reales o literarios es un recurso erudito muy consistente en la prosa de Clarín. Véase una relación exhaustiva de las obras y personajes literarios mencionados en *La Regenta* en el Apéndice A del citado estudio de Albert Brent, págs. 105 a 109.

(41) El estudio de la toponímia en la obra de Alas, con la notable excepción a *la Regenta, revela,* por omisión, el reducido

La vívida impresión de aislamiento provocada por la relación de nombres que Alas acumula para situar el escondido prado de doña Berta no se desprende de la selección de los nombres mismos, sino de la intencionada enumeración de lugares que van llevándonos más y más hacia dentro mediante el empleo casi redundante de expresiones adverbiales de lugar. Es por tanto la sintaxis al parecer recargada y machacona, pero justificada por su eficacia expresiva, la que va trazando círculos concéntricos hasta llegar a un escondido punto en el espacio, donde se encuentra Posadorio:

> Pertenece el rincón de hojas y hierbas de doña Berta a la parroquia de *Pie del Oro*, concejo de *Carreño*, partido judicial de *Gijón*; y dentro de la parroquia se distingue el barrio de doña Berta con el nombre de *Zaornín*, y dentro del barrio se llama *Susacasa* la hondonada frondosa, en medio de la cual hay un gran prado que tiene por nombre *Aren*... Pero dejando esas tristezas para luego seguiré diciendo que más allá y más arriba..., más allá del río... Pues en la otra orilla..., todo eso, digo, se llama «*Posadorio*». (DB, 721-22).

La localización detallada en estilo formulaico de información administrativa, el empleo del presente, tiempo verbal que actualiza el comentario (42), y la expre-

---

ámbito del interés geográfico del autor y su casi total inmersión en los mundos interiores de los conflictos humanos.

(42) Acerca de los matices expresivos del presente, véase

sión en primera persona «todo eso, digo» se unen al impacto de algunos nombres existentes para dar una impresión de realidad y de acercamiento al lector, que se ve obligado a reparar en el fatigoso trayecto que conduce al oculto remanso de paz que es *Posadorio*.

La capacidad de ironía y el satírico humor que despliega Alas en la creación de nombres propios alcanza quizás un clímax al concentrar en los contenidos evocadores de dos nombres de lugares la complicada trayectoria moral de Bonifacio Reyes, el protagonista de *Su único hijo*, a quien hace viajar a *Cabruñana*, para después encaminarle a *Raíces*, pueblo ancestral de los Reyes, donde Bonis escucha la voz de su raza y fortalece su propósito de restaurar a todo costo su linaje (Suh, 701-707).

El empleo de un nombre común en sustitución de un nombre propio es otra constante en el procedimiento narrativo de Clarín. La conciencia artística o la certera intuición con que el autor maneja ese antiguo recurso retórico rebasa los propósitos de elegancia y variedad que le son propios (43) para alcanzar una extraordinaria gama de efectos expresivos. La modalidad más eficaz desde el punto de vista creativo de una ilusión de realidad es la que sustituye el nombre propio de un personaje, antes individualizado, con un apelativo que

---

Harald Weinrich, *Estructura y función de los verbos en el lenguaje* (Madrid: Gredos, 1968), págs. 71-75.

(43) Véase Heinrich Lausberg, *Manual de retórica literaria* (Madrid: Gredos, 1966), V. II, págs. 82-84.

lo integra a un grupo humano y define su profesión o su jerarquía, anunciando su presencia con las notas genéricas que lo categorizan. Asi, cada miembro del mundo clerical, tan vívido y relevante en *La Regenta*, una vez nominado y descrito, aparece mencionado con insistencia con el apelativo correspondiente a su rango o dignidad eclesiástica y de ese modo se complementa, desde una perspectiva externa, la noción de su individualidad. El «ilustrísimo señor don Cayetano Ripamilán» es a veces Ripamilán a secas o don Cayetano (R, 29-30), pero con mucha mas frecuencia el *señor arcipreste* (29), *el arcipreste* (29, 30, 31), o *el buen arcipreste* (31). Y lo mismo ocurre con don Restituto Mourelos, en la intimidad don Restituto, a sus espaldas «Glocester», pero para su imagen pública *el señor arcediano* (32), o *el arcediano* (33, 34, 35). En el caso de don Fermín de Pas, personaje muy matizado y vigoroso, los apelativos y los nombres propios se alternan y se reiteran con un notable equilibrio, que va reflejando las distintas facetas de su compleja personalidad. Presentando inicialmente como el *señor magistral* (R, 8) y en seguida como *don Fermín de Pas, magistral de la santa iglesia catedral de Vetusta* y *provisor del obispo* (10), se llama también *de Pas* (11), *don Fermín* (11), *el canónigo* (11, 12), *el provisor* (14), *el predicador* (14), y para su madre simplemente *Fermo* (125-76, 246-49), pero por sobre todos esos nombres, el autor prefiere llamarle *el magistral*, apelativo que, junto a las constantes referencias al manteo y a la sotana, compone su personalidad eclesiástica y predomina en su caracterización.

A veces el nombre común que sustituye al propio tiene un marcado caracter calificativo y la nota genérica que ofrece y reitera, aún más que contribuir a la caracterización de un personaje, diríase que lo tipifica. Y ese es el caso de don Pompeyo Guimarán (R, 88), a quien el autor aplica de manera consistente un apelativo único, con ligeras modificaciones: *el Ateo* (337), *el ateo* (339), *el buen ateo*, *el ateo empedernido* (443). Pero en otras ocasiones, los apelativos son numerosos y variados y van subrayando las cualidades y circunstancias más relevantes del personaje: don Saturnino Bermúdez (R, 18), el señor don Saturnino (19), también llamado don Saturno (21), es *el erudito* o *el sabio* (19), y con mucha más frecuencia *el arqueólogo* (19, 21, 24, 28, etc.), pero además se le llama *este joven sentimental y amante del saber* (22), *el doctor en Teología, el infeliz* (24), *el ilustre autor de «Vetusta transformada», el pobre hombre, el anticuario* (26), *el primer anticuario de Vetusta* (27), *el devoto anticuario* (28), *el libertino* (40).

La profusión y el tono de los nombres comunes o de las paráfrasis calificativas que sustituyen a un nombre propio pueden lograr efectos expresivos muy determinados mediante la reiteración de ciertos matices intencionados, como en el caso de Bonifacio Reyes, pocas veces llamado Reyes y casi siempre Bonis, a quien el autor vapulea con numerosos apelativos irónicos y los más de ellos inferiorizantes: *el escribiente* (Suh, 557), *el músico* (559), *el estúpido escribiente de don Diego* (564), *el buen esposo, el marido, el infeliz* (565), *el infeliz esclavo de su mujer* (577), *el pobre flautista, el buen flau-*

tista (579), *el marido de la única heredera de Valcár-cel* (583), *El, un pobre provinciano, ex escribiente, un trapo de fregar en casa de su mujer, el último ciudada-no del pueblo* (584), *el marido de doña Emma* (587), *el so-brino* (692), *el inofensivo flautista* (595), *este pobre diablo* (598), *el cónyuge curandero, el antiguo escribiente* (599), *el tierno esposo* (600), *el flautista frustrado* (604), y otros semejantes. La intención satírica y desvalorizadora de estos nombres apelativos queda confirmada al obser-var que disminuyen hasta desaparecer a medida que el personaje evoluciona hacia un sentido de responsabili-dad que permite al autor devolverle la dignidad de sus nombres propios (Suh, 604 a 713).

El propósito caracterizador de la antonomasia se hace aún más evidente cuando se invierte el procedi-miento y los nombres comunes preceden al nombre pro-pio, ofreciendo previamente los indicios que van perfi-lando la imagen física y moral de una criatura: *un pollo, aquel sietemesino, El pollo, el deslenguado, el maldicien-te, el muchacho, el mediquillo, el pillastre, Se llamaba Joaquín Orgaz* (96-97), aunque después, en consonancia con sus apelativos, se le llamará con más frecuencia *Joaquinito* (104, 105, 106, etc.).

El empleo del sustantivo de materia o calidad en fun-ción de atributo o calificativo complementario de un nombre es un giro gramatical que los escritores realis-tas utilizaron con insistencia, por la precisión y detallis-mo que puede aportar a las descripciones. Como rasgo peculiar de un estilo de época, esa modalidad sustantiva aparece también con frecuencia en la prosa de Clarín

y cumple su misión explicativa o especificadora, reforzando con sus notas de sustancia la vitalidad de las imágenes: remolinos *de polvo, trapos, pajas,* y *papeles; migajas de la basura;* carteles *de papel,* la digestión *del
cocido* y *de la olla podrida* (R, 7); la sotana... *de pliegues...* una sotana... *de rico castor delgado...* el manteo
de seda... de muchos pliegues y vuelos (11); un robusto
cuello... *de recios músculos* (12); las bolas *de marfil* (13);
montones *de tierra,* labor *de topo* (14). Pero en el sistema expresivo de Alas las locuciones «de + sustantivo
de materia» no se repiten con la porfiada insistencia y
el carácter de minucioso inventario que resalta en las
descripciones de otros escritores del siglo XIX (44), y

(44) El cuarto era angosto, bajo de techo y triste de luz;
negreaban a partes las paredes, que habían sido blancas, y un
espeso tapiz de *roña,* empedernida casi, cubría las carcomidas ta-
blas *del suelo.* Contenía una mesa *de pino,* un derrengado sillón
de vaqueta y tres sillas desvencijadas; un crucifijo con un ramo
de laurel seco, dos estampas *de la Pasión* y un rosario *de Jerusa-
lén,* en las paredes; un tintero *de cuerno* con pluma *de ave,* un
viejo breviario muy recosido, una carpetilla *de bandana negra,*
un calendario y una palmatoria *de hoja de lata,* encima de la
mesa; y, por último, un paraguas *de mahón azul* con corva em-
puñadura *de asta,* en uno de los rincones más oscuros. El cuarto tenía también una alcoba, en cuyo fondo, y por los resquicios
que dejaba abiertos una cortinilla *de indiana,* que no alcanzaba a
tapar la menguada puerta, se entreveía una pobre cama, y sobre
ella un manteo y un sombrero *de teja.* José M. de Pereda, *Sotileza,
Obras completas,* IX (Madrid, 1920), págs. 11-12.
Pararon en una habitación relativamente chica, con ventana
de reja, donde las negras vigas *del techo* semejaban remotísimas
y asombraban la vista grandes estanterías *de castaño* sin barni-

muy amenudo se apartan de su designio realista para
convertirse en giros metafóricos e impresionistas, que
parecen modificar la naturaleza misma de los nombres
abstractos en un claro empeño de impartirle corporeidad y consistencia: poema romántico *de piedra* (R, 7);
suavidad *de liquen* (11); vigor *de acero,* aliento *de fragua*
(12); placer *del tacto,* nostalgia *de blandura* (43); per-
fume *de harapo* (140). El procedimiento es reversible y
a veces es un sustantivo abstracto modificador el que
se impregna de la sustancia que le proporciona el sustantivo de materia al cual modifica: el incienso *de la*
alabanza (R, 14); los codazos *del egoísmo* (17); un baño
de idealidad (23); un atracón *de honra* (52); curaba el
entendimiento y el corazón con píldoras *de la Biblia* y
pastillas *de novela inglesa* (55); el cuerpo *del viento*
(151); semillero *de envidias* (333); los subterráneos *de*
las intenciones (334); el plomo *del pecado* (335); aquella ceguera *de la pasión* (Suh, 564); las garras *de la ten-*
tación (573); la fresca sonrisa *del egoismo* (C, 767) (45).

---

zar, que en vez de cristales tenían enrejado *de alambre grueso.*
Decoraba tan tétrica pieza una mesa-escritorio, y sobre ella un
tintero *de cuerno,* un viejísimo vade *de suela,* no sé cuantas plumas *de ganso* y una caja *de obleas vacía.* Emilia Pardo Bazán,
Los pazos de Ulloa, Obras completas, I (Madrid: Aguilar, 1957),
pág. 177.

(45) Esa tendencia a materializar las abstracciones en formas
tangibles responde a un propósito estético bien definido, que a
menudo se transparenta en los comentarios del autor: "... esta
historia de sus tibiezas y de sus cobardes y perezosas transaccio-
nes con el mundo pasaban por la memoria de Ana con formas
plásticas, teatrales" (R, 335).

En lo que atañe al valor de la sustantividad como elemento lingüístico evocador de presencias tuvo Clarín una sensibilidad extraordinaria, que se tradujo en una marcada tendencia a la sustantivación de las cualidades y de los procesos (46). Los colores no aparecen en sus descripciones como cualidades adjetivas de los objetos sino, a la manera impresionista, representados como sustancia bien delimitada por artículos o por demostrativos, y modificada por atributos que le suponen consistencia material «47): *de un castaño sucio* (R, 10); había *un ligero encarnado* (11); *de un verde oscuro* (16); los rigores *de la intemperie...* no consienten *blancura duradera* (18); ostentaban su *dorado viejo* (21); *de un negro de tinta china* (22); *de un castaño no muy oscuro* (42); *de un rubio oscuro* (57); *de un azul muy claro* (173); *la blancura de sus ojos* (232); *de un rubio pálido* (311); *la blancura blanda de las almohadas* (318); *las colinas de un verde oscuro* (331); *los tejados de un rojo sucio, casi pardo* (520); *El verde de los pinares y de los laureles y de algunos naranjos de las huertas,* sobre *el verde más claro de las praderas en declive* (522); La envidia salió a la calle con toda *la amarillez de sus carnes* (547);

---

(46) Acerca de la controversia sobre la verdadera naturaleza de los nombres abstractos derivados de adjetivos o de verbos, y de sus elementos sustantivos o predicativos, véase Jespersen, págs. 133 a 139.

(47) Véase Charles Bally, "Impresionismo y gramática" y Elise Richter, "Impresionismo, expresionismo y gramática" en *El impresionismo en el lenguaje* (Buenos Aires: Universidad de Buenos Aires 1956), págs. 28, 40 y 72.

monótono en *su negrura* (549); servía de marco sencillo a *aquella blancura pálida* (Suh, 573); aquellos valles
de *eterna verdura* (704); *su verdura inmaculada* (DB,
722).

En muchos casos el autor prefiere emplear locuciones sustantivas que ofrecen la noción concreta de los
colores que carecen de un nombre exacto: deslumbran-
te *de colores vivos con reflejos acerados* (R, 17); plumas
y cintas *de tonos discordantes* (17); las mejillas escen-
didas, con *un tinte cárdeno* (20); *de color de aceituna*
(25); como cascada *de oro*, rizos y mas rizos *de un rubio
sucio, metálico, artificial* (26); aquellos bajos *de nieve*
(28); *de color de cuero viejo* (29); *con color de remo-
lacha* (36); las botas con *color bronce* (40); *de color de
azafrán* (133); *de color de avellana* (316); y vió *oro y
plata* en aquellos pelos tiesos (320); *de color de plomo*
(325); *de color de chocolate claro* (Suh, 565); y cuyos
«*colores*» podían resumirse diciendo: *cera, tabaco, ceni-
za* (DB, 731). El color implícito en un sustantivo puede
realzarse con la intensidad y la sencillez de la expresión
metafórica: *las rosas de su rostro* (R, 62); *La fiebre daba a su rostro... rosas encarnadas* (319).

La sustantivación de los colores puede aparecer subrayada por el animismo que provoca un calificativo verbal: un poco de luz que arranca... resplandor al *verde
dormido* de los campos vetustenses (R, 327). O puede
también ser activada por verbos que parecen impartir
al color sustantivado la condición de agente o causa del
proceso:

Aquel verde esplendoroso, con tornasoles dora-dos y de plata, se apagaba en la sierra, como si cubriera su falda y su cumbre la sombra de una nube invisible, y *un tinte rojizo aparecía* entre las calvicies de la vegetación, menos vigorosa y va-riada que en el valle. La sierra estaba al Noroes-te, y por el Sur, que dejaba libre a la vista, se alejaba el horizonte, señalado por siluetas de mon-tañas desvanecidas en la niebla que deslumbraba como polvareda luminosa. Al Norte se adivinaba el mar detrás del arco perfecto del horizonte, ba-jo un cielo despejado, que surcaban como naves, ligeras nubecillas de *un dorado pálido.* Un jirón de la más leve parecía la luna, apagada, flotan-do entre ellas en *el azul blanquecino* (R, 9) (48).

El carácter impresionista de la sustantivación de los colores se confirma en algunos fragmentos mediante la observación del juego de luces y reflejos que los ori-gina:

> ... pero así se manifestaba allí la alegría que a todos los presentes comunicaba aquel vino trans-parente que lucía en fino cristal, ya *con reflejos de oro,* ya *con misteriosos tornasoles de gruta má-gica,* en *el amaranto y el violeta oscuro* del Bur-deos en que se bañaban *los rayos más atrevidos del sol,* que entraba atravesando *la verdura de la hojarasca,* tapiz de las ventanas del patio (R, 220).

---

(48) Aparte de la sustantivación de los colores, señalamos como giros impresionistas en esta descripción las locuciones: *co-mo si cubriera su falda*; *se alejaba el horizonte, se adivinaba el mar*; y *parecía.*

El trabajo de arte es a veces más complejo y los sustantivos que el autor emplea para ofrecer la noción de los colores reflejados contienen una buena carga de alusiones temáticas o caracterizadoras que los convierte en metáforas expresionistas muy intencionadas y reveladoras:

> Por las altas ventanas y por los rosetones del arco toral y de los laterales entraban haces de luz de muchos colores, que remedaban pedazos del iris dentro de las naves. El manteo que el canónigo movía con un ritmo de pasos y suave contoneo, iba tomando en sus anchos pliegues, al flotar casi al ras del pavimento, tornasoles de plumas de faisán, y otras veces parecía cola de pavo real; algunas franjas de luz trepaban hasta el rostro del magistral, y ora lo teñían con un verde pálido blanquecino, como de planta sombría ora le daban viscosa apariencia de planta submarina, ora la palidez de un cadáver (R, 19).

La brillante apariencia externa, el orgullo y la soberbia, y la tenebrosa sordidez moral que componen la extraordinaria personalidad del magistral don Fermín de Pas en *La Regenta* aparecen implícitas en la descripción de los colores que se reflejaban en el manteo, que en su conjunto, componen un retrato psicológico expresionista del personaje (49): *iba tomando... tornasoles de*

---

(49) "La actitud expresionista puede considerarse como la objetivación de lo internamente intuído. El observador equipara el objeto no sensible (las cualidades morales del magistral) al

plumas de faisán; parecía cola de pavo real; lo teñían
con un verde pálido blanquecino, como de planta som-
bría; le daban viscosa apariencia de planta submarina;
la palidez de un cadáver.

El adjetivo.

La noción gramatical del adjetivo lo presenta como
una forma lingüística subordinada al sustantivo, al que
complementa y del cual depende. Considerado como la
categoría más débil dentro de las palabras portadoras
de sentido, «tiene que apoyarse en un sustantivo... De-
signa lo accidental, algo que está 'en' los objetos, que
los objetos 'tienen', que nos causa impresión» (Snell, 139).
Su denominación misma, de acuerdo a su raíz etimológica, alude a su carácter accesorio, como designador de
cualidades «agregadas», no esenciales a la existencia del
objeto al que modifica. Pero, como observa Vossler con
cierta impaciencia, no siempre las abstracciones de la
gramática lógica se ajustan a las realidades del pensamiento idiomático (50). La concepción estilística de la

---

exteriormente perceptible (los objetos que representan los colores) y ve en éste una mera imagen de aquél" Richter, págs. 80-84.

(50) "Pero lástima que la lógica gramatical no quiera coin-
cidir jamás con la verdadera lógica. Lástima que la lengua no
quiera renunciar a la mala costumbre de usar el representante
del concepto, de sustancia, el sustantivo, para expresar significa-
ciones modales, relativas y hasta irreales; de elevar el adjetivo
al plano de la sustancia; de poner la sustancia en comparativo;

función adjetival, basada en las posibilidades expresivas de las palabras, es mucho más amplia y parece estar más acorde con la naturaleza intrínseca de las formas nominales y con los procesos de percepción que subyacen en la estructura del lenguaje (51). Desde su posición auxiliar y complementaria, el adjetivo irradia con extraordinario vigor y suele proporcionar color y vida al sustantivo, que sin modificadores, aparecería inerte (52): o puede también, como ha demostrado Sayce en sus estu-

---

de cambiar la multiplicidad en cualidad; de transponer la actualidad en el futuro, y de petrificar lo verosímil en lo absoluto; en suma de entrever revueltamente todas las categorías. ¡Si los más grandes y admirables maestros del idioma son los que con más frenesí se entregan a este peloteo!" Karl Vossler, *Filosofía del lenguaje*. Traducción y notas de Amado Alonso y Raimundo Lida. Prólogo de Amado Alonso (Buenos Aires: Editorial Losada, 1943), pág. 29.

(51) Después de negar valor a la clásica distinción entre sustancia y cualidad que sirve de fundamento a la clasificación tradicional del nombre en sustantivo y adjetivo, dice Jespersen lo siguiente: "And from a philosophical point of view it may be said that we know substances only through their qualities; the essence of any substance is the sum of all those qualities that we are able to perceive (or conceive) as in some way connected. While formerly substances were thought of as realities *per se* and qualities were considered as having no existence in themselves, there is perhaps now a strong tendency in the opposite direction, to look upon the substance or 'substratum' of various qualities as a fiction, rendered more or less necessary by our habits of thought, and to say that it is the 'qualities' that ultimately constitute the real world, *i. e.*, everything that can be perceived by us and is of value to us. Jespersen, pág. 75.

(52) La designado por el adjetivo es lo que "hasta cierto

dios sobre el estilo de la prosa francesa, predominar en los contextos, opacando con su intensa fuerza expresiva al sustantivo (53).

A esa relevancia estilística que el adjetivo ostenta por su propia naturaleza, hay que añadir el auge extraordinario que los procedimientos realistas le proporcionaron como instrumento de minuciosidad descriptiva (54). Y en otro aspecto más específico, están las posibilidades que el adjetivo de valoración ofrece a las descargas subjetivas de un autor y la eficacia de esta clase de adjetivos como inapreciable indicio para la determinación de una estimativa personal sobre los seres y las cosas.

En el caso de Clarín, como escritor inmerso en las influencias literarias de su época, el proceso calificador es intenso y detallado. En sus creaciones artísticas la materia aparece siempre moldeada y bien individualizada mediante una adjetivación rica y variada, preñada de matices especificadores, cuya abundancia constituye en sí misma un rasgo revelador de la exuberancia afectiva del autor (55). Sus adjetivos aparecen generalmente acu-

---

punto, da su expresión a los objetos, de modo que puedan hablarnos, pues sin cualidades, permanecerían mudos". Snell, pág. 139.

(53) Sayce, Style, pág. 22.

(54) Acerca de la importancia de la adjetivación en la prosa del siglo XIX, véase G. Lanson, *L'Art de la prose* (París: Fayard, 1908), pág. 246.

(55) En este trabajo se emplea el concepto de afectividad, en un sentido amplio, que coincide con la siguiente definición de Vicente García de Diego: "se llama afectividad a todo lo que no es concepto o conocimiento... el lenguaje afectivo comprende todos los matices del llamado lenguaje axiológico, estimativo, emo-

mulados en series más o menos reiterativas que intentan hasta los límites de lo posible precisar los pormenores de los objetos materiales o los componentes de los conceptos abstractos. Y esa profusión, aparte de sus efectos descriptivos, intensificadores o musicales, implica una afanosa búsqueda de la palabra exacta, que permita al artista expresar lo que quizás es inefable (56).

Pero es más bien en sus contenidos y en sus relaciones con las palabras modificadas donde radica la fuerza expresiva de la adjetivación clariniana. Los elementos re-

---

tivo o dinámico, de valores o tendencias, de la sensibilidad y del sentimiento. La afectividad comprende además todos los grados de la exaltación hasta la interdicción. Este lenguaje viene a ser lo que Wenzel llama lenguaje impresionista, como emoción, afecto o acción, contrapuesto al de la actividad intelectual, esto es, el complejo unido por el signo negativo de lo no conceptual. "La afectividad en el lenguaje", *Lecciones de lingüística española* (Madrid: Gredos, 1951), pág. 9.

(56) En su estudio *El Quijote como obra de arte del lenguaje* dice Helmut Hatzfeld: "El dinamismo lingüístico... recurre a la acumulación de palabras. El caso más simple es hablar en casi-sinónimos. Son testigos principales para ello, en la época más reciente, los impresionistas franceses, los cuales llevan al papel no sólo la palabra que quieren encontrar (mot propre), sino también todos los intentos para encontrarla, y así descubren al lector su inquieta fantasía que procede a tientas. Cejador afirma, a propósito de Cervantes, el mismo estado de cosas... 'el empleo de una palabra que gramaticalmente está de sobra tiene siempre su fundamento... en el alma... en la emoción o en el deseo de claridad mayor o de mayor relieve... La acumulación de términos sinónimos puede a veces dar vigor al concepto'". (Madrid: *RFE*, Anexo 83, 1966), pág. 212.

cogidos de la realidad aparecen impregnados en su prosa de cualidades morales, o de sentimientos abstractos,
de acuerdo a la visión anímica fuertemente emotiva del
autor: viento... *perezoso*; cristales *temblorosos*; *dulces*
líneas; *delicado himno* (R, 7); cielo *puro* (8); *triste co-*
mercio (10); ojos *humillados*; *aterrados* ojos (11); charco *impuro* (13); tardes *solitarias y melancólicas* (14); roquete *cándido*; atención... *delirante* (15); limpieza... *tris-*
te, casi miserable; oratorio *mezquino*; caserones *tristes*;
fe *moribunda* (17); planta *sombría* (19); comercio *sórdi-*
do (34); un olor... *triste*; un olor *de miseria perezosa,*
abandonada (140); rumor *triste*; olas *rencorosas* (325);
luz... *cobarde* (326); *melancólico* instrumento (Suh, 559);
servidumbres *tiranas* (DB, 721); manchas *infames* (721);
respetables cacharros; *crueles* calderos (C, 773); poste
tranquilo, inofensivo, campechano (AC, 811); nieve *silen-*
ciosa y triste (P, 818).

A veces la alusión moral que contiene el adjetivo no
se refiere al sustantivo calificado, con el cual tiene una
relación semántica ilógica, sino que apunta, con intención
caracterizadora, a un sujeto implícito, poseedor de esos
objetos y no mencionado: nariz *claudicante* (R, 11); bar-
ba *levantisca* (12); mirada... *rastrera* (20); honra *habla-*
dora (52); ojos *blandos* (231); tizón *arrogante* (C, 773).

El procedimiento inverso, que atribuye cualidades físicas más o menos tangibles a las abstracciones morales
o a los objetos inmateriales es otra modalidad calificativa basada en yuxtaposiciones semánticas ilógicas. Los adjetivos de esta clase provocan imágenes sensoriales que
parecen materializar los conceptos abstractos modifica-

dos, proporcionándoles corporeidad, de acuerdo a la tendencia consistente en el autor a la representación concreta de los contenidos ideológicos (57): *educación torcida* (R, 10); *suavidad resbaladiza* en la mirada; *bondad estereotipada* en los labios; *crasitud pegajosa*; *resplandor punzante* (11); *adoración muda* (15); *lujo vocinglero* (17); *sonrisa inmóvil* (19); *idea... petrificada* (20); *luz... muy torcida* (21); *negra intransigencia* (30); *amabilidad pegajosa* (32); *elocuencia liquefacta* (39); *voluptuosidad andrajosa* (141); *lascivia refinada y contrahecha* (347); *mirada puntiaguda* (Suh, 578); *verde alegría* (DB, 744). En algunos de estos ejemplos puede apreciarse que la calificación precisa y más o menos concreta de los nombres abstractos resulta particularmente eficaz cuando afecta a nombres formados por cualidades sustantivadas, que en la prosa de Clarín parecen casi siempre funcionar como vivas presencias, activadas por sus atributos: *belleza muda y perenne* (R, 7); *cobarde hipocresía* (11); *frío y cal-*

---

(57) Es interesante señalar que el cruce de conceptos abstractos y concretos ha sido destacado también como una tendencia insistente en la adjetivación de Eça de Queiroz. A ese respecto ha dicho Ernesto Guerra Da Cal palabras que bien pudieran haber sido escritas acerca del estilo de Leopoldo Alas, y que hacen pensar en la posibilidad de que se trate de un fenómeno de época: "Por medio de esta adjetivación Eça consigue una interpenetración del mundo físico y del mundo moral, en ricas formas expresivas... Con ellas logra hacer visualizables con raro relieve, representaciones abstractas de la conciencia, que de este modo adquieren una realidad viva, corpórea y tangible". *Lengua y estilo de Eça de Queiroz* (Acta Universitatis Coninbrigensis: Por ordem da Universidade, 1954), págs. 134-35.

culador egoísmo (12); *solidez afectada* (17); *locuacidad nerviosa* (49); *languidez entre romántica y cachazuda* (141); *sequedad pegajosa* (237); *perezosa tristeza* (141); *claridades pálidas* (241); *blancura pálida* (253); *tristeza fría y cenicienta* (272); *soledad triste y dulce* (303); *la blancura blanda* de las almohadas (319); *fortaleza dulce* (320); *inquietud honda y sorda* (335); *necedades monótonas y tristes* (335); *juventud verde* (367); *blandura apetecible* (373); *voluptuosidad soñolienta* (Suh, 608); *voluptuosidad recóndita, retorcida, enfermiza, extraviada* (610); *credulidad ciega* (DB, 723); *locura... divertida, inofensiva interesante* (750); *curiosidad necia* (AC, 812); *dulce tristeza silenciosa* (812).

A veces la materialización de las situaciones abstractas mediante el empleo inesperado de un adjetivo concreto es tan intensa que la expresión ilógica distorsiona la realidad, logrando extraños efectos de cómico absurdo: «y entonces ella le miraba de hito en hito, y daba vueltas alrededor de él para ver si por algún lado estaba abierto y se le veía el secreto que debía tener entre pecho y espalda» (Suh, 600). El propósito artístico de visualizar lo intangible se logra en este caso mediante el desenfadado empleo del participio adjetival *abierto,* que proporciona al conjunto la nota activa y convincente de su matiz verbal. La eficacia de la especificación espacial *entre pecho y espalda,* aplicada a la localización del sustantivo incorpóreo *secreto,* contribuye a la materialización de lo intangible y al impacto expresivo de la ridícula situación.

Las relaciones entre el adjetivo y el objeto calificado pueden ser paradójicas y contribuir a la intención irónica: *mezquino imperio* (R, 7); *augustas chimeneas* (16); *voluptuosidad espiritual* (217); *éxtasis naturalistas* (331); *espiritualidad... lasciva* (351); *tormentos sabrosos* (374); *lascivia romántica y señorial* (426); *lujuria espiritual* (Suh, 585); *orgías místicas* (S, 786); *angustia deliciosa* (795) (58).

O suelen también reflejar una exaltación extremista, que se complace en la hipérbole: *pesimismo desesperado* (R, 24); *terribles remordimientos* (24); *fervorosa contrición* (24); *monstruos asquerosos y horribles* (79); *indignidad asquerosa* (80); *desdén supremo* (80); *asqueroso sensualismo* (191); *inmensa tristeza* (192); *horror infinito* (192); *verano ardiente* (329); *voluptuosidad bárbara* (353); *catástrofe horrorosa* (Suh, 684); *pecado horroroso* (DB, 728); *vergüenza eterna, irreparable* (728); *enorme pecado* (729); *inmenso pañuelo* (C, 762); *abismo horroroso* (S, 803).

En ocasiones, los adjetivos rebasan su función calificativa y contienen alusiones temáticas que, para el lector familiarizado con el sistema expresivo clariniano, resultan transparentes:

---

(58) En los ejemplos de adjetivación paradójica, resulta muy interesante observar que, sin el propósito de hacer una selección demostrativa, encontramos una muy evidente insistencia monocorde, que refleja la preocupación del autor por la dicotomía materia-espíritu, probablemente como una consecuencia de su oscilación entre los términos de la dicotomía doctrinal positivismo-idealismo, presente en toda su obra.

La mano de la Regenta tocó la de Mesía sin temblar, fría, seca.

Salió el buen mozo tropezando con el pavo real disecado, y después, con la puerta. En el pasillo se despidió de su amigo Quintanar (59).

La Regenta sacó del seno un crucifijo y sobre el marfil caliente y amarillo puso los labios, mientras los ojos, rebosando lágrimas, buscaban el cielo azul, entre las nubes pardas.

Los adjetivos *fría, seca* y *caliente*, más bien que calificar a los sustantivos *mano* y *marfil*, a los que afectan gramaticalmente, parecen referirse con sus notas evocadoras de sensaciones físicas a las oscilaciones de la sensualidad de Ana Ozores, siempre vacilando entre *el buen mozo Mesía y el crucifijo*. Y los calificativos *amarillo, azul* y *pardas*, un tanto obvios cuando se refieren a los sustantivos *marfil, cielo* y *nubes*, a los que aparecen unidos, sufren una ampliación simbólica de sus significados que en la imaginería de Clarín pudiera traducirse como alusiva a la lujuria, la idealidad y los sentimientos turbios, respectivamente.

_____

(59) Esa alusión al tropezón de Mesía con el pavo real disecado parece relacionarse también con el tema del fragmento y con la caracterización del buen mozo y engreído tenorio vetustense. Véase, en otra parte, el comentario siguiente: "El único bicho que le era simpático a don Alvaro era un pavo real disecado por Frígiles y su amigo. Solía acariciarle la pechuga mientras Quintanar disertaba" (R, 329).

La posición del adjetivo con respecto al sustantivo al cual modifica se alterna en la prosa de Clarín con un equilibrado balance que parece ser su efecto más relevante, y que generalmente es ajeno a la función expresiva implícita en los cruces y alusiones de sus contenidos semánticos (60). Los adjetivos antepuestos con la sola finalidad de aumentar sus efectos ampulosos aparecen con cierta frecuencia en las frases clarinianas, y no siempre es fácil determinar si se trata de una tendencia personal o de un recurso mimético que transparenta la actitud irónica con que Clarín contempla las inocuas manifestaciones convencionales del mundo que le circunda. Son muchos los adjetivos cuyo inútil énfasis carece de función conceptual o expresiva y que parecen reflejar con sus notas más o menos superfluas los falsos valores de una sociedad amanerada, fatua e insincera: *célebre cuadro* (R, 27); *venerables canónigos*; *honrados sacerdotes*; *ilustrísimo señor* (29); *célebre obispo* (33); *muy principal señora* (34); *ilustre familia* (34); *acendrado patriotismo* (94); *cumplida respuesta* (125); *inveterada honradez* (157); *prudente reserva* (276); *honrada familia* (Suh, 557); *blandas manos* (558); *resonante campanilla* (P, 825); *sublimes momentos* (825); *el más recatado pudor* (A, 866); *virginal mirada* (866); *grande infor-*

---

(60) La función rítmica de la colocación del adjetivo requiere un comentario más detenido que corresponde al estudio de la expresividad de la sintaxis y que se intentara más adelante. Acerca de los efectos que generalmente se atribuyen a la posición del adjetivo, véase Samuel Gil y Gaya, *Curso superior de sintaxis española*. (Barcelona: Bibliograf., S. A., 1964), págs. 216-222.

tunio, venerables canas (870). Pero tanto si se trata de hábitos lingüísticos como de irónicas parodias, lo importante es que en ese giro retórico Clarín recoge un testimonio vivo del habla imperante en una época de transición social, que sobrevaloraba el énfasis y la ostentación como indicios de rango o jerarquía, en un patético esfuerzo por llenar con palabras el vacío moral de una aristocracia decadente, o la falta de blasones de una adinerada y pujante burguesía.

En muchos casos, la intención caracterizadora del adjetivo antepuesto es bien evidente. Suele aparecer en estilo directo, con la autenticidad de un rasgo inherente al habla pedantesca de sus personajes pseudo-eruditos:

> Y... don Saturno... concluyó de esta suerte:
> —Tales fueron los *preclaros varones* que galardonearon con el alboroque de *ricas preseas, envidiables privilegios y pías fundaciones* a esta *santa iglesia* de Vetusta, que les otorgó *perenne mansión* ultratelúrica para los *mortales despojos*; con la majestad de cuyo depósito creció tanto su fama, que presto se vió siendo emporio, y gozó hegemonía, digámoslo asi, sobre las *no menos santas iglesias* de Tuy, Dumio, Iria, Coimbra, Viseo, Lamego, Geleres, Aguas Cálidas, *et sic de coeteris* (R, 28. El último subrayado es del autor).

Expresiones como el *feo lunar*; *severa arquitectura románica*; *sublime en su desnudez*; *desconocido, pero sublime artífice*; *el dignísimo obispo*; *confuso acervo*; *santa idea*; *no menos inmortal e inmaculada armonía* se prodigan en las explicaciones de don Saturno, reforzando su vocabulario ampuloso y sus citas pseudocultas, y como un eco estilístico, que confirma la extraordinaria habilidad mimética del autor, resuenan también en las contrapartes del diálogo: «Me parece, señor Bermúdez, que ese *famosísimo cuadro* del *ilustre*...»; «—Pues del *ilustrísimo* Cenceño; luciría más si...» (25). Y abundan también en las aclaraciones que Clarín intercala en estilo indirecto: *terrible mirada; su prudente esposo; afectado desdén, vivos y flamantes colores; tan respetables señores;* don Saturno... *cubierta la levita* de telarañas, *rojo el rostro; cárdenas las orejas; dignísima esposa; noble lugareña; la antes amable y cortés señora; injuriosas afirmaciones; inesperada oposición* (38-40). La intensificación de las cualidades mediante la colocación antepuesta de estos adjetivos refuerza artísticamente el tono inútilmente solemne y la regocijada burla que predomina en el episodio de la visita de los Infanzones a la catedral.

En la caracterización de Pedro, el fatuo cocinero de los marqueses de Vegallana, se advierte también la función expresiva de los adjetivos antepuestos: «la frialdad del *altivo cocinero*»; «Obdulia se acercó al *dignísimo Pedro*» (R, 125). Las enfáticas actitudes de Pedro resultan eficazmente subrayadas también por los contenidos semánticos de esos adjetivos, desproporcionados a la profesión del personaje, y por el efecto del sustantivo adjetival *frialdad* y del superlativo *dignísimo*, pero no hay dudas de que la posición antepuesta de esos calificativos contribuye a la ironía del conjunto.

La estrecha relación que guarda la posición enfática del adjetivo con la intención irónica del autor aparece muy notoria en la caracterización de don Víctor Quintanar, personaje a quien el autor adorna cruelmente con todos los matices del ridículo. Calificado como «el más *cumplido caballero* de la ciudad, después de Bermúdez» (41); su lenguaje se describe como «algo declamatorio y altisonante» (83); y esas características se refuerzan mediante comentarios en estilo indirecto en los que las enfáticas alusiones de los adjetivos antepuestos intensifican los motivos temáticos relacionados con las actitudes y con el carácter de Quintanar: «... la *respetable y familiar figura* de don Víctor Quintanar»; «depositó un *casto beso*; el anhelo de la *casta esposa*»; «salió de la alcoba con la palmatoria en la *diestra mano*; ... y con *majestuoso paso*, no obstante calzar *bordadas zapatillas*; «y don Víctor emprendió de nuevo su *majestuosa marcha* por los pasillos»; «en lo de tomar *justa y sabrosa venganza*»; «*el divino don Pedro*»; «prorrumpir en *preciosa tirada de versos*» (48-51). Siempre que de Quintanar se trata, el adjetivo antepuesto irrumpe en la narración como si la expresión amanerada fuera una emanación del personaje: «Una tarde, Crespo... les presentó al señor don Víctor Quintanar, magistrado. Las acompañaron aquellos señores durante el paseo y hasta dejarlas en el *sombrío portal* del caserón de Ozores. Doña Anuncia ofreció la casa a don Víctor. Este pensaba que las tías conocían su *honesta pretensión*, y al día siguiente, de levita y pantalón negros, visitó a las *nobles damas*» (82). En los parlamentos del propio don

Víctor, la calificación antepuesta aumenta sus efectos expresivos, por la vitalidad y la eficacia que conlleva en sí mismo el estilo directo: «—Absurdo!... absurdo! —gritaba don Víctor— jamás se hizo cosa por el estilo en los *gloriosos siglos* de estos *insignes poetas*» (52). Y, del mismo modo, el rasgo se acentúa en los pasajes de estilo indirecto libre, en los que el autor adopta el tono solemne del habla que prefiere usar Quintanar, «Nunca hubiera sido osado a pedir la mano de tan *preclara, ilustre y hermosa joven* sin poder ofrecerle, ya que no la opulencia, una *aurea mediocritas,* como había dicho el latino» (85). (El último subrayado es del autor).

La contribución del adjetivo antepuesto a la creación de ambientes de erudición pedantesca se evidencia notablemente en la narración de lo que sucede en el salón-biblioteca de don Eufrasio Macrocéfalo, con sus paredes «guarnecidas de *gruesos y muy respetables volúmenes*», en «La mosca sabia», cuento en el que los ejemplos de adjetivos enfáticos aparecen en profusión: *pública almoneda; el sabio Macrocéfalo; mi ilustre amigo; profundas meditaciones; mullida alfombra; agradable calorcillo; abrasados troncos; dulce sonolencia; perezosa fantasía; pobre imaginación; libre ambiente; misterioso vivir; muy extraña naturaleza; triste aspecto; indiscreta presencia; muy bien entonada voz; ligero roce; amena literatura; amable primavera; profundo suspiro* y otros muchos semejantes (Lms, 929-39). El énfasis que proporcionan al conjunto los adjetivos antepuestos asociado a un vocabulario resonante y a la abundancia de citas clásicas y científicas, componen una atmósfera de afixiante erudición que es la manifestación externa del irónico tema de este cuento, amarga imprecación contra la inutilidad de la sabiduría, considerada como una entidad de valor significativo, en sí misma trascendente.

En los pasajes descriptivos, los adjetivos antepuestos destinados a subrayar cualidades intrínsecas del sustantivo suelen tener un carácter formulaico que les priva de eficacia expresiva, pero observados en los contextos, recobran su vigor sustancial mediante asociaciones de significados que los refuerzan:

> ... las campanadas graves, poderosas, que el viento arrebataba de la torre para llevar sus vibraciones por encima de Vetusta a la sierra vecina y a los extensos campos, que brillaban a lo lejos, verdes todos, con cien matices.
> ....
> Los castañedos, robledales y pomares, que en hondonadas y laderas se extendían sembrados por el ancho valle, se destacaban sobre prados y maizales con tonos oscuros (R, 9).

Las expresiones *extensos campos* y *ancho valle*, son fórmulas retóricas que se han repetido hasta convertirse en construcciones estereotipadas, y aunque la cualidad antepuesta se supone realzada, en estos casos el énfasis apenas puede advertirse por el desgaste del uso. Y hasta pudiera asegurarse que las formas pospuestas *campos extensos* y *valles anchos* tendrían más fuerza expresiva. Pero Clarín vitaliza los contenidos de la fórmula mediante las locuciones espaciales *por encima de, a lo lejos* y por la insistencia indirecta en la noción de lo extenso; *verdes todos, con cien matices.* Y en el segundo ejemplo, mucho más evidente, con la enumeración de sustantivos plurales que implican amplitud espacial: *castañedos, robledales* y *pomares; hondonadas y laderas, prados y maizales,* y por el refuerzo de la reiteración explícita *se extendían.* Y así, los calificativos *extensos y ancho* aparecen realzados no tanto por su colocación antepuesta como por la influencia del estilo reiterativo.

El adjetivo posesivo puede rebasar su función gramatical como signo de una relación lógica de pertenencia y contener notas subjetivas más o menos intensas o, en algunos casos, convertirse en un elemento caracterizador. Los vehementes sentimientos de Ana Ozores hacia el magistral don Fermín de Pas, preñados de motivaciones inconscientes, se subrayan con el uso abundante y reiterado de posesivos, a menudo acumulados en una misma frase:

... ya lloro, *amigo mío,* por algo más que mis penas; lloro de amor, llena el alma de la presencia del Señor..., leído tengo lo que dice nuestra querida Madre y Maestra hablando de sus pecados... pero Dios me mandó a tiempo (creo yo que era a tiempo, ¿verdad, *hermano mío*?)...

... y vílo [el infierno] como *nuestra* Santa en agujero angustioso, donde mi cuerpo estrujado padecía tormentos que no se pueden describir; Santa Teresa vivió muchos años sin encontrar

quien pudiera guiarla como ella quería, yo, más
débil, recibí más pronto amparo de Dios por mano de quien quisiera llamar *mi padre* y prefiere
que no le llame sino *hermano mío*; si, *hermano
mío*, hermano muy querido, me complazco en lla-
márselo aquí, ahora, ... Y ¡cuanto tiempo tardé
en entenderle del todo! Pero *mi hermano, mi hermano* mayor querido me perdona, ¿verdad?...
   Usted dirá por donde hemos de ir; yo iré ciega. De la confianza cariñosa de que me hablaba
el otro día... también estoy enamorada, quiero
que sea como lo dijo *mi hermano* (R, 362-62).

La nota afectiva explícita que contienen las apasio-
nadas declaraciones de espiritual compenetración, se intensifica de manera indirecta mediante las palabras cognadas *amor, querida, muy querida, querido, confianza
cariñosa, enamorada, quisiera, quiero,* y por el efecto de
los posesivos plurales, *nuestra... Madre, nuestra Santa,*
que proporcionan al conjunto un claro matiz de amoro-
sa intimidad. Pero es el énfasis y la reiteración del posesivo *mío* lo que en definitiva determina el tono intenso
que predomina en todo el fragmento. Esa relación de
posesiva dependencia que existe entre Ana y su confesor, suele expresarse de manera casual, mediante la irradiación afectiva de una pequeña partícula pronominal,
que impregna de amoroso énfasis las más sencillas observaciones:

   Ana recordaba entonces a *su* magistral, y lloraba enternecida (361).

Buena la haríamos si usted se *me* muriese (379).

En vano pensaba: ¿qué le importa a *mi* doña Ana que mi corpachón de montañés viva como quiera cuando me aparto de ella? (390).

También él tuvo un momento la sensación fría del terror... Si se *le* volviera loca: (431).

En otra tónica, de irónico mimetismo, el adjetivo posesivo funciona como un elemento caracterizador (61). La actitud bonachona de don Víctor Quintanar y sus afectos tan efusivos como poco profundos, están subrayados mediante frecuentes expresiones posesivas, que el autor le conduce a prodigar mecánicamente, como manifestación estilística de esa ternura superficial que caracteriza al personaje:

¿Qué tienes, hija mía? —gritó don Víctor acercándose al lecho (R, 48).

Don Víctor se tranquilizó. Estaba acostumbrado al ataque de *su* querida esposa (48).

Entonces sí que haría frío, sobre todo cuando llegaran al Montico *él* y *su* querido *Frígiles, su Pílades cinegético*, como le llamaba.

....

------

(61) Véanse las interesantes observaciones sobre el valor estilístico del adjetivo posesivo de M. Rodríguez Lapa, *Estilística da Lingua Portuguesa* (Río de Janeiro: Livraira Académica, 1959), págs. 136-139.

Estaba muy habladora *su* querida mujercita (49).

Ea; ya que estoy levantado, voy a dar un vistazo a *mi* gente (50).

Quintanar era inagotable en el capítulo de las quejas... cuando se trataba de su amigo íntimo, de *su Frígiles* (328. Los subrayados que no son posesivos son del autor).

El cariño que profesa Ana a su paternal esposo y su matiz peculiar, preñado de filial respeto y de afectuoso reproche se muestra muy claramente a través de la fórmula con que a menudo se refiere a él en su pensamiento:

> ... la respetable y familiar figura de *su don Víctor Quintanar* ¡qué bueno! (48).

y *su don Víctor* ¡qué bueno! (48).

> Abrió Ana los ojos y miró a *su don Víctor*... (87).

sería virtuosa siempre, consumaría el sacrificio, *su don Víctor*, y nada más (147).

ya voy poniendo más esmero en cuidar a *mi Quintanar* y en quererle como usted sabe que puedo (363).

Esa insinuación acerca de la clase de afecto que existía entre Ana Ozores y su esposo se mantiene a través de la misma combinación de posesivo + demostrativo de jerarquía + nombre propio o, a veces, apellido, para acentuar el tono ceremonioso que convenía a sus relaciones conyugales basadas en una equilibrada fórmula de afecto + respetuoso distanciamiento, de acuerdo a la realidad de sus vidas. Y asi se refleja también desde otras perspectivas, además de la de Ana:

> Por lo demás, *tu Quintanar* del alma hemos de confesar que tiene sus cosas, ¿A quién se le ocurre irse de caza dejándote así? (319).

> De fijo que si no estoy yo, aquí te consumes todo el día pensando tristezas y dándole vueltas a la idea de *tu Quintanar* ausente (319).

La intención alusiva de ese detalle se hace más evidente cuando se observa que en un mismo pasaje el autor emplea la fórmula citada en estilo indirecto libre, para reflejar los pensamientos de Ana sobre *su Quintanar*, que *era suyo*, pero omite el posesivo cuando se trata de referirse a él como marido:

> Ay, sí! Aquello era el padre, la madre, el hermano, la fortaleza dulce de la caricia conocida, el amparo espiritual del amor casero, no, no estaba sola en el mundo; *su Quintanar era suyo*. Eterna felicidad le juro callando, en el beso largo, intenso, con que pagó los *del marido* (320).

El verbo.

Con la nitidez y simplicidad de las observaciones fundamentales, puntualiza Snell que, en el sistema del lenguaje, los fenómenos se ordenan bajo los conceptos de objeto, cualidad y actividad; y que la palabra portadora de sentido es, o bien la denominación de un «ente»: sustantivo, de algo «poseído»: adjetivo, o de un «actuar»: verbo (pág. 64). Junto al sustantivo, palabra que representa la materia en su ser o existir, y al adjetivo, partícula que fija los atributos del objeto, el verbo, como representante del proceso, es la forma lingüística que imparte plenitud de sentido a la oración al designar los elementos de acción, pasión o estado que afectan a la sustancia (62). Según los postulados de la gramática lógica, el verbo es «la palabra por excelencia», base del predicado y eje fundamental de todo el sistema del lenguaje (63). Pero es bien sabido que las posibilidades expresivas de las palabras suelen estar en razón inversa a la rigidez de sus funciones gramaticales

---

(62) "As for their meaning, verbs are what Sweet calls phenomenon words and may broadly divided into those that denote action..., those that denote some process..., and those that denote some state or condition... The verb is a life-giving element, which makes it particularly valuable in building up sentences: a sentence nearly always contains a verb, and only exceptionally do we find combinations without a verb which might be called complete sentences. Jespersen, pág. 86.

(63) Véase M. Criado de Val, *Gramática española* (Madrid: SAETA, 1958), págs. 28 y 105.

lógicas y fuera de los límites de sus contenidos conceptuales (64). Y el verbo, considerado como una forma aislada, es una categoría abstracta, carente de consistencia propia, puesto que depende siempre de un agente y se refiere generalmente a un complemento, de tal modo que, en puridad, cuando su significado es lógico, opera como un obligado elemento de conexión, indiferente al estilo (65). Su naturaleza misma, a un tiempo indispensable y dependiente (66), interfiere y limita el principio de elección, presupuesto básico de la expresividad y, en consecuencia, clave de la función estilística (67).

En la prosa de Alas, las formas nominales, exhuberantes y reiteradas, parecen postergar los verbos finitos, que en muchos pasajes quedan opacados ante la proliferación de sustantivos y adjetivos, y a causa de

---

(64) "La estilística es el estudio de lo que haya de extralógico en el lenguaje". R. Fernández Retamar, *Idea de la estilística*, (Habana: Impresores Ucar, García, S. A., 1958), pág. 11.

(65) "Il n'est, souvent, qu'une sorte de crochet qui sert à unir les termes pittoreques ou poétiques, un lieu grammatical de valeur tout abstraite entre des substantifs et des adjetifs où sont contenus tout le réel et tout le sensible du style". Lanson, pág. 259.

(66) "We are thus led to establish different "ranks" of words according to their mutual relations as defined or defining... Finite forms of verbs can only stand as secondary words (adnexes), never either as primaries or as tertiaries". Jespersen, pág. 100. Véase también: Chapter VII, "The Three Ranks", págs. 97-108.

(67) Véase Ullmann, "Elección y expresividad en el estilo", *Lenguaje*, págs. 158-82. Y del mismo autor, *Style in the French Novel* (New York: Barnes & Noble, 1964), págs. 6-10.

una notoria tendencia a la sustantivación de los procesos:

> Ana oía ruidos confusos de la ciudad con resonancias prolongadas, melancólicas; gritos, fragmentos de canciones lejanas, ladridos, todo desvanecido en el aire, como la luz blanquecina reverberada por la niebla tenue que se cernía sobre Vetusta, y parecía el cuerpo del viento blando y caliente. Miró al cielo, a la luz grande que tenía enfrente, sin saber lo que miraba; sintió en los ojos un polvo de claridad argentina; hilo de plata que bajaba desde lo alto a sus ojos, como telas de araña; las lágrimas refractaban así los rayos de la luna (R, 151)...

La irradiación expresiva de este fragmento, cargado de efectos fónicos y de imágenes visuales delicadas que poetizan un estado de ánimo y a la vez lo hacen casi tangible, debe muy poco a los verbos, que en el desempeño de su función normal, pasan casi desapercibidos. Los sustantivos *ruidos, resonancias, gritos, canciones y ladridos*, todos ellos significativos de sonidos, implican y reiteran en sus contenidos la noción que el verbo *oía* representa, convirtiéndolo en una palabra incolora. La concepción artística de una situación en la que los ruidos lejanos de la ciudad y el resplandor de la luna se perciben como una realidad fragmentaria, diluída en una melancólica visión interior, depende enteramente de las formas nominales, que se impregnan mútuamente de levedad y transparencia en el contexto: *fragmentos de canciones lejanas*; *luz blanquecina*; *niebla tenue*; *luz grande*; *claridad argentina*; *hilo de plata*; *telas de araña*; *lágrimas*; *rayos de la luna.* La imagen del *viento*, materializado hasta el punto de tener un *cuerpo blando y caliente*, es quizás la nota más expresiva del fragmento, por la vitalidad que conllevan los giros metafóricos, y por el efecto de los sustantivos de materia y de los calificativos sensoriales. La dinámica de este pasaje se apoya en las formas verbales adjetivadas: *confusos, prolongadas, desvanecidas, reverberada*, más bien que en los verbos finitos, que únicamente implican procesos mecánicos indispensables: *miró, miraba, sintió* (con significado tactíl: *sintió... un polvo*), *bajaba, refractaban.* La locución verbal *se cernía*, aplicada a *la niebla*, contiene un matiz de expresión que contribuye un tanto al logro de esa impresión leve y atomizada que se persigue. Pero en definitiva son los sustantivos y sus modificadores los que componen esta preciosa estampa impresionista, que subraya con su nota de irrealidad el verbo *parecía*, única forma verbal activa que aporta un elemento de interés a la valoración estilística del fragmento.

Aun en los casos en que el verbo encierra algunos matices expresivos interesantes, sus irradiaciones dependen tanto del contexto, que no pueden aislarse en el verbo mismo ni en sus relaciones sintácticas específicas:

El sol entraba en el salón amarillo y en el ga-gabinete de la marquesa por los anchos balcones abiertos de par en par; estaba convidado también, asi como el vientecillo indiscreto que movía los flecos de los guardamalletas de raso, los cristales prismáticos de las arañas, y las hojas de los libros y periódicos esparcidos por el centro de la sala y las consolas. Si entraban raudales de luz y aire fresco, salían corrientes de alegría, carcajadas que iban a perder sus resonancias por las calles solitarias de la Encimada, ruido de faldas, de enaguas almidonadas, de manteos crujientes, de sillas traídas y llevadas, de abanicos que aletean... (R, 207).

Los verbos *entraba, movía, entraban,* y *salían* representan acciones dinámicas que, aun dentro de sus funciones lógicas, contribuyen a la creación de un ambiente animado. La locución *estaba convidado,* aplicada al sol, pese a la banalidad que implica la personificación del sol, tópico muy gastado, contiene una nota de frivolidad muy en consonancia con la tónica general del fragmento; la paráfrasis verbal *iban a perder,* cumple su función descriptiva de una acción lenta, que conviene a las nociones de gradación y espacio contenidas en la locución preposicional *por las calles solitarias de la Encimada*; y el verbo *aletean,* aplicado a los abanicos, rebasa su función gramatical con una fina nota metafórica, cuya vitalidad se intensifica mediante el uso del presente, que actualiza la imagen. Pero de nuevo hay que señalar el vigor y la eficacia de las formas nominales, ricas en efectos visuales y fónicos y subrayadas por los matices reiterativos de sus modificadores: *anchos balcones abiertos de par en par*; *vientecillo indiscreto*; *raudales de luz*; *corrientes de alegría*; *carcajadas*; *resonancias*. Y no precisa insistir en que el propósito expresivo del fragmento alcanza un clímax con la enumeración de locuciones sustantivas que, amplificadas por su carácter metonímico y por el uso del plural, y activadas por modificadores verbales, provocan una viva impresión de variedad y movimiento: *ruido de faldas, de enaguas almidonadas, de manteos crujientes, de sillas traídas y llevadas, de abanicos que aletean.* La artística creación de ese ambiente lujoso y banal, en el que mujeres y canónigos se expansionan frívolamente y sin recato, depende de un conjunto en el que las formas lingüísticas se influyen unas a otras, combinando sus valores, y en el que predominan, como siempre, los intencionados matices de los calificativos. El sol... *convidado*, y el vientecillo *indiscreto* parecen cómplices del desorden y la ligereza que reina en todo el pasaje. El adjetivo *indiscreto*, preñado de alusiones, califica de un modo oblicuo al sustantivo al que afecta, en tanto que impregna todo el pasaje como una palabra clave, en cuyo significado se advierte con claridad el predominio del tono y la intención sobre el sentido (68). La nota despreocupada y excesiva está implicada en palabras que denotan amplitud ilimitada: *anchos, abiertos, de par en par, esparcidas, raudales*; y la noción de una actividad inútil, superfi-

---

(68) Según la lúcida doctrina de I. A. Richards, el significado de una palabra es un compuesto que encierra las nociones de sentido, sentimiento, tono e intención, separables o coincidentes entre sí, y en proporción e intensidad variables y dependientes de las necesidades expresivas del hablante. *Practical Criticism, A Study of Literary Judgment* (Ne& York: Harcourt, Brace & World, Inc., 1929), págs. 179-188).

cial y vana se desprende claramente de los participios *traídas y llevadas*, y en general de todo el contexto, en el que los verbos, como partículas complementarias indispensables, aparecen de nuevo relegados a una función mecánica secundaria.

En algunas ocasiones, la voluntad de expresión que impulsa el artista logra superar las limitaciones del verbo, aprovechando sus posibilidades morfológicas como síntesis de persona, tiempo y modo, para concentrar en una sola palabra todo el significado de una oración completa y toda la intención de una vigorosa implicación temática.

> Petra, al llegar a la casa del leñador, se dejó caer sobre la hierba, algo distante de don Fermín, y, encarnada como su saya bajera, se atrevió a mirarle cara a cara con ojos serios y decidores.
> El magistral se sentó dentro de la cabaña.
> Hablaron (R, 476).

La intensa carga de significación que subyace en la palabra *Hablaron*, subrayada por su posición sintáctica aislada y relevante, que a su vez requiere el uso de la mayúscula y la pausa del punto final, no puede explicarse de manera simplista como un fenómeno lógico de elipsis gramatical (69), porque su impacto depende de la alusión irónica que le proporciona un oculto, pe-

---

(69) Acerca de la naturaleza de la elipsis y de su noción gramatical o idiomática, véase Vossler, págs. 179-183.

ro muy transparente sentido, bien distinto del que se-
mánticamente le corresponde (70).

Esa modalidad de realce que coloca al verbo aisla-
do, dejando elípticos los demás elementos de la oración,
rebasa los ámbitos de la gramática y se impregna de
contenidos expresivos cuando el autor la emplea con
caracter alusivo a los motivos temáticos:

> Y al mismo tiempo, Cuervo y Antón se incli-
> naron hacia la tierra para coger terrones amari-
> llentos y pegajosos, que besaron y solemnemente
> dejaron caer sobre la tapa del féretro.
> —Retumba, ¿eh? —dijo Antón *el Bobo,* acer-
> cándose familiarmente a Cuervo, riéndose franca-
> mente y tocando en el hombro a nuestro protago-
> nista.
> —Si, retumba —contestó Cuervo, que acogió
> con simpatía la familiaridad y la observación de
> aquel desconocido.
> *El Bobo* repitió la experiencia; arrojó otro pe-
> dazo de tierra húmeda y pegajosa sobre la caja,
> y volvió a decir:
> ¡Retumba!.
> Salieron juntos del cementerio, y cuesta aba-
> jo, camino de Laguna, se hicieron amigos (C, 772).

---

(70) "In all speech activity there are three things to be dis-
tinguished, expression, suppression, and impression. Expression is
what the speaker gives, suppression is what he does not give
though he might have given it, and impression is what the hearer
receives. It is important to notice that an impression is often pro-
duced not only by what is said expressly, but also by what is
suppressed. Suggestion is impression through suppression". Jespersen, pág. 309.

La mórbida delectación que sienten Cuervo y Antón ante el espectáculo de la muerte ajena parece concentrarse en el sensual aprecio que alternativamente hacen del sonoro y casi onomatopéyico verbo *Retumba*, para ellos fascinante. El resto del fragmento, detallado y explícito, queda opacado ante el impacto expresivo de esa palabra, fonéticamente asociada a la noción del sepulcro, y que resalta, separada, enfática, y reiterada como un eco, sellando con sus evocaciones macabras esa amistad basada en una extraña aberración.

Para dar relieve a los contenidos de los verbos, Clarín suele también acumularlos en series que, de acuerdo a sus significados y al artístico manejo de los tiempos, provocan muy diversos efectos, que corresponde comentar más adelante. Pero es en los cruces oblícuos entre los verbos y sus agentes (actuantes), o entre los verbos y sus objetos (actuados) donde con mayor frecuencia se percibe la voluntad de estilo del autor, siempre orientada hacia la materialización de los contenidos intangibles y fuertemente inclinada hacia la expresión apasionada o hiperbólica. El proceso de metaforización incesante que vitaliza la prosa de Alas, ofreciendo una visión animista de las más abstractas concepciones, y que ya se ha observado antes en el empleo del adjetivo, se apoya a menudo en verbos que representan acciones físicas, atribuídas, con la libertad característica del lenguaje afectivo, a los más diversos agentes morales o intangibles:

guardaba en la memoria brillantes cuadros que la *ambición había pintado en su fantasía* (R, 13).

Cuando era su ambición de joven la que *chisporroteaba* en su alma, don Fermín encontraba estrecho el recinto de Vetusta (14).

En otros momentos, como ahora, *tascaba el freno la pasión sojuzgada; protestaba el agoísmo, la llamaba loca, romántica y necia* (47).

y en la maldad de doña Camila y en la torpe vida, mal disimulada, de esta mujer, *se afiló la malicia* de la niña (59).

Y *volvió la inquietud* honda y sorda *a minar* su alma (335).

La acción animista de los verbos puede ser tan intensa que cristaliza en personificaciones (71) muy matizadas, en las que las abstracciones actúan como criaturas capaces de los más sutiles e intelectualizados procesos mentales:

La pasión, menos vocinglera que antes, subrepticia, *seguía minando el terreno,* y a los pocos latidos de la conciencia *contestaba con sofismas* (487).

---

(71) Acerca de la distinción entre animismo y personificación, por demás difícil de precisar, véase Richter, págs. 58-60 y 82-86.

En este caso, como muy frecuentemente ocurre, los efectos personificadores dependen también de los modificadores, y es la expresión *menos vocinglera que antes*, subrayada por el adjetivo *subrepticia*, la que predomina en el contexto, caracterizando vivamente a *la pasión*.

A veces la metáfora verbal que da vida a una abstracción es tan osada, que la expresión alcanza el vigor y la fuerza plástica de una alegoría.

> *La envidia*, que hasta allí *se había disfrazado* de admiración, *salió a la calle con toda la amarillez de sus carnes* (R, 547).

> Mas *la ociosa lascivia hurgaba* y como no tenía salida, *daba coces* contra los sentidos que se quejaban de cien maneras (Z, 908).

> *la codicia metió las manos hasta el codo* (B, 1007).

En algunos ejemplos, la acción que el verbo representa además de ser animista, contiene una intensa nota de apasionada hipérbole, que puede depender del verbo mismo o del énfasis que le añaden los modificadores:

> Aquel género de materialismo que era su religión le llevaba a pensar... que los clérigos eran hipócritas necesariamente, y que *la lujuria mal refrenada se les escapaba a borbotones* por donde podía y cuando podía (R, 216).

> Cuando *las congojas la anegaban en mares de tristeza, que parecían sin orillas* (304).

... y *el rencoroso espíritu de protesta de la carne pisoteada que bramaba* en cuanto podía (333).

Las abstracciones pueden también percibirse como objetos directos de procesos sensoriales que parecen impartirle corporeidad mediante la acción oblícua de ciertos verbos, empleados en sentido figurado. La vitalidad de los giros metafóricos propios del lenguaje emotivo permite al autor yuxtaponer acciones físicas tan simples y primarias como olfatear, comer, saborear o sentir (con acepción táctil) a las más inmateriales y elaboradas concepciones de la mente, subrayando de ese modo la sensualidad de ciertos personajes, cuyas pasiones o deseos se perciben con la intensidad de los impulsos orgánicos elementales (72).

él, ... que había *olfateado y gustado el incienso de la alabanza* (R, 14).

¿A dónde iba? ... a *olfatear el vicio, el crimen*, pensaba él (23).

Y con una delicia morbosa, la rubia lúbrica *olfateaba la deshonra* de aquel hogar (160).

---

(72) Acerca de la "verdad" que subyace en el lenguaje emotivo a pesar de, o más bien dicho aún, a causa de su independencia con respecto a cualquier referencia lógica, véase: I. A. Richards, "The Two Uses of Language", *Principles of Literary Criticism* (New York: Harcourt Brace & Co., 1955), págs. 261-72, especialmente 267-68.

Mientras él, ... rebuscaba los rincones queridos de la casa para *olfatear memorias dulcísimas* (B, 1007).

se santiguó, como si quisiera *comerse la señal de la cruz,* y se recogió, sentada sobre los pies, *a saborear los pormenores de la confesión,* sin moverse del sitio, pegada al confesionario, lleno todavía del calor y el olor de don Custodio (20).

Extrañas sinestesias mezclan las sensaciones de olor sabor o textura que la imaginación del autor supone a las abstracciones:

Obdulia Fandiño, pocas horas después de haberse sabido en el pueblo la catástrofe, había salido a la calle con su sombrero más grande y su vestido más apretado a las piernas y sus faldas más crujientes, *a tomar el aire de la maledicencia, a olfatear el escándalo, a saborear el dejo del crimen que pasaba de boca en boca como una golosina que lamían todos,* disimulando el placer de aquella dulzura pegajosa (R, 548).

Al matiz peculiar del verbo *olfatear,* que añade a la acción de oler una nota de insistencia y ansiedad un tanto animalizante (73), se agrega en este ejemplo la

---

(73) Clarín parece haber estado muy consciente del carácter deshumanizante del verbo *olfatear,* que emplea en otro fragmento con su sentido lógico y con franca intención animalizadora: ' Cuando entraba el magistral, el ilustrísimo señor don Cayetano Ripamilán, aragonés, de Calatayud, ... exclamaba, después de haber olfateado varias veces, como perro que sigue un rastro;

fuerte connotación del verbo *lamer,* que acentúa la sensualidad y la degradación de todos los integrantes de la «bestia humana», vivamente caracterizada en este fragmento mediante las artísticas alusiones a sus irresponsables y primitivas reacciones sensoriales, que contienen los verbos. El paralelo entre la idea del crimen y la imagen tangible de una golosina es consistente, y se apoya también en las expresiones *de boca en boca, placer,* y *dulzura pegajosa* (74), pero el impacto expresivo corresponde primordialmente a la irradiación metafórica de los verbos.

En otro aspecto de la simbiosis artística entre lo abstracto y lo concreto, el autor parece concebir los más intangibles entes conceptuales con forma y consistencia tales, que pueden «verse» o «tocarse» en gracia a la vitalidad de las metáforas verbales:

> « ¡Qué indecencia! » —pensó, *sintiendo el despecho atravesado en la garganta* (R, 242).

> con los grandes ojos azules, claros y fríos fijos en *un pensamiento que debía ver ella en el suelo* (245).

> con los ojos clavados en la lontananza, detrás de la cual se *veía el recuerdo, lo desconocido, la vaguedad del sueño* (331).

—*Hame dado en la nariz olor de...*" (R, 29. El subrayado es del autor)

(74) En el vocabulario de Alas, el adjetivo *pegajoso* aparece casi siempre asociado a la hipocresía y a la sordidez moral, con

Nosotros, los que *manoseamos la muerte* (C, 774).

Y esa tendencia del artista a la materialización de los contenidos ideológicos en formas tangibles es tan exigente, que a veces se apoya en un doble proceso metafórico, que aplica verbos significativos de acciones sensoriales primarias a un objeto concreto que, a su vez, representa la imagen de una abstracción:

por ella, a quien lo debía todo, había llegado él a manosear y mascar el lodo de aquella sordidez poco escrupulosa (R, 178).

La fuerte connotación sensual de los verbos *manosear* y *mascar* imparte a esa expresión un extraordinario vigor, que aproxima hasta los límites de la identidad los dos términos del paralelo metafórico *lodo-sordidez*, materializando vivamente esa adversa concepción moral que califica la codicia de doña Paula, consentida por el magistral lentamente y con cierta reluctancia, que se transparenta en la paráfrasis verbal *había llegado a* y en la falta de propósito de las acciones imperfectivas *manosear* y *mascar*.

A veces, Alas logra concentrar en los verbos finos matices satíricos, que contribuyen artísticamente a una caracterización:

---

una connotación notoriamente ética y adversa. Véase: R, págs, 32, 401, 112 y otras.

En cuanto abrió la puerta de la torre y se encontró en la nave norte de la iglesia, *recobró la sonrisa inmóvil*, habitual expresión de su rostro, cruzó las manos sobre el vientre, inclinó hacia adelante un poco, con cierta languidez, entre mística y romántica, la bien modelada cabeza, y, *más que anduvo, se deslizó* sobre el mármol del pavimento que figuraba juego de damas, blanco y negro (R, 19).

La hipócrita dualidad que integra la personalidad de don Fermín de Pas aparece subrayada por todos los detalles de esta vívida estampa descriptiva, pero se sintetiza muy eficazmente en el irónico desenfado con que se aplica a su esterotipada sonrisa un verbo significativo de una acción tan mecánica como *recobrar*, y por la peculiar connotación del verbo *deslizarse*, que complementa la estudiada y sibilina actitud del personaje. Esa sonrisa convencional y postiza que el magistral ostenta para componer su imagen pública es un rasgo consistente, que Clarín insiste en destacar como un aditamento externo, objeto de verbos que representan acciones físicas muy determinadas:

Creía [don Restituto Mourelo] que su sonrisa, un poco copiada de *la que usaba* el magistral, engañaba al mundo entero (R, 32).

llevaba cara de pocos amigos, a pesar de su *sonrisita dulce, clavada allí desde que se veía en la calle*... Parecía *aquella sonrisa con que siempre le veía el público* un efecto extraño de la luz en los músculos de su rostro (235).

Los giros metafóricos de ciertos verbos antropomorfos suelen también dar vida y movimiento a objetos concretos inanimados, personificándolos mediante acciones
más o menos humanizantes. Aparte de la intencionada
metáfora que presenta a la «heroica ciudad» de Vetusta,
en la primera página de *La Regenta*, como una enorme
criatura sucia y abúlica, que *dormía la siesta, hacía la
digestión del cocido y de la olla podrida* y *descansaba
oyendo entre sueños* el zumbido de la campana de la
Santa Basílica, abundan en la obra creativa de Alas artísticas personificaciones que provocan vívidas y dinámicas imágenes visuales:

> No solo era la Iglesia quien podía desperezar-
> se y estirar las piernas en el recinto de Vetusta
> la de arriba (R, 17).

> Y mientras no solo a los conventos y a los pa-
> lacios, sino también a los árboles se les dejaba
> campo abierto para largarse y ensancharse como
> querían... (17).

> Y era de ver como aquellas casuchas apiñadas
> se enchufaban, y saltaban unas sobre otras, y se
> metían los tejados por los ojos, o sean las ven-
> tanas. Parecían un rebaño de retozonas reses que,
> apretadas en un camino, brincan y se encaraman
> en los lomos de quien encuentran delante (17).

El análisis detallado de estos fragmentos revelaría
la impregnación recíproca de muy variados elementos

que refuerzan la función animista de los verbos y que, en algunos casos, son quizás los que determinan las personificaciones de los respectivos sujetos. En el primer ejemplo, la eficacia del verbo antropomorfo *desperezarse* encuentra un firme apoyo en la expresión *estirar las piernas*, que humaniza a la *Iglesia*, y en el caso de las *casuchas*, la vivificación depende tanto de las dinámicas acciones *se enchufaban, y saltaban, y se metían* como de la atrevida imagen que les atribuye *ojos* y del paralelo explícito que cierra el fragmento.

A veces los efectos artísticos del aminismo son más complejos, y pueden estar relacionados con el retrato o la caricatura de un personaje:

> Era un rectángulo de treinta pies de largo por veinte de ancho, de techo muy alto, cargado de artesones platerescos de nogal oscuro. Las paredes, pintadas de blanco brillante, con medias cañas a cuadros dorados y estrechas, reflejaban los torrentes de luz que entraban por los balcones abiertos de par en par a toda aquella alegría. Los muebles forrados en damasco amarillo, barnizados de blanco también de un lujo anticuado, bonachón y simpático, *reían a carcajadas*, con sus contorsiones de madera retorcida, ora en curvas panzudas, ora en columnas salomónicas. Los brazos de las butacas *parecían puestos en jarras*, y los pies de las consolas *hacían piruetas*. No había estera ni alfombra, a no contar la que *rendía homenaje* al sofá; era de moqueta y representaba un canastillo de rosas encarnadas, verdes y azules. Era el gusto de Su Ilustrísima.

....

Un Cristo crucificado de marfil sobre una consola, delante de un espejo, que lo retrataba por la espalda, *miraba sin quitarle el ojo* a su Santa Madre de mármol, de doble tamaño que El, colocada sobre la consola de enfrente. No había más santos en el salón, ni otra cosa que revelase la morada de un mitrado (R, 187).

El impacto expresivo total de esta descripción corresponde a un conjunto que, más bien que describir el salón que don Fortunato Camoirán destinaba a sus visitas particulares, intenta reflejar la personalidad del beatífico prelado. Su espíritu simple y alegre resalta en los adjetivos *bonachón y simpático*, que más parecen apuntar hacia el obispo que hacia el *lujo anticuado*, que es el objeto calificado. La sencilla humildad y la falta de interés por los detalles ceremoniales que caracterizan a don Fortunato se advierten en la irónica expresión: *no había estera ni alfombra, a no contar con la que rendía homenaje al sofá*, que sutílmente traslada al sofá toda la jerarquía que corresponde al obispo. Los verbos subrayados, francamente animistas, se destacan como elementos expresivos climáticos del fragmento y a causa de su impacto, los muebles del salón impresionan vivamente, con su absurdo dinamismo. El Cristo crucificado, disminuído en su tamaño con respecto al de la imagen de la Virgen y colocado como un objeto cualquiera, sobre una consola, aparece caricaturizado mediante la cómica observación *miraba sin quitarle el ojo* a su Santa Madre, que lo despoja de todo patetismo y lo convierte en una figura cómica, parodia artística del bendito, pintoresco y simplísimo Camoirán (75). Y ese claro matiz de burla, más eficaz porque se encuentra diluído en el contexto, aparece también implícito en las expresiones: *contorsiones de madera retorcida, curvas panzudas, brazos... puestos en jarras, hacían piruetas*; que constituyen oblicuas referencias a la imagen externa que, para la diócesis de Vetusta, presenta su inoperante obispo, a quien Clarín califica explícitamente de «un santo alegre», que según la opinión general, «no estaba a la altura de su cargo» (187-188) (76).

La vivificación de las cosas inanimadas mediante verbos que les suponen acciones y hasta motivaciones humanizantes, puede también evocar conductas o ambientes muy específicos, que el autor artísticamente proyecta en rasgos expresionistas:

(75) La cómica distorsión de la realidad que circunda a don Fortunato aparece de nuevo en las ingenuas referencias del propio obispo a sus zapatos mal remendados: "Estos son nuevos, palabra de honor que son nuevos, pero *se ríen*. ¿Qué le hemos de hacer si *tienen buen humor*?" (189).

(76) La bondadosa figura del "ilustrísimo señor don Fortunato Camoirán, obispo de Vetusta", aparece minimizada mediante compasivas alusiones desvalorizadoras del propio autor, que lo presenta como "el bueno de Camoirán", o como un "pobre santo de cera"; y más francamente, en la perspectiva de otros miembros del clero, que lo califican con aspereza: "¡Pero *éso* es un cómico!". No obstante, es en las referencias oblicuas a su pueril jovialidad donde mejor se refleja el anverso ridículo de su virtud sin mácula, pero también sin mérito, que Clarín ambiguamente exalta e ironiza al mismo tiempo (186-192).

Se cenó allí. En el salón amarillo, donde se había bailado después de volver a Vetusta, mediante algunos tertulios de refresco, se apagaban solas las velas de esperma en los candelabros, corriéndose por culpa del viento que dejaba pasar un balcón abierto. Los criados no habían apagado más que la araña de cristal. Las sillas estaban en desorden, sobre la alfombra yacían dos o tres libros, pedazos de papel, barro del Vivero, hojas de flores y una rota de begonia, como un pedazo de brocado viejo. Parecía el salón fatigado. Las figuras de los cromos finos y provocativos de la marquesa reían con sus posturas de falsa gracia violentas y amaneradas. Todo era allí ausencia de honestidad; los muebles, sin orden, en posturas inusitadas, parecían amotinados, amenazando contar a los sordos lo que sabían y callaban tantos años hacía. El sofá de ancho asiento amarillo, más prudente y con más experiencia que todos, callaba, conservando su puesto (R, 498).

Las figuras humanas que componen este ambiente aparecen difusamente evocadas y ocultas tras las formas impersonales de los verbos: *Se cenó allí*; *se había bailado*; *después de volver de Vetusta*. Toda la acción que anima la escena corresponde a los objetos: *las velas de esperma se apagaban solas*; *un balcón abierto dejaba pasar el viento*; *y el viento*, como si poseyera un ánima, «tenía la culpa». La noción del desenfreno aparece artísticamente sugerida por indicios reveladores: *las sillas estaban en desorden*; *sobre la alfombra yacían dos o tres libros*. La fragmentación de los objetos y su carácter heterogéneo intensifica la idea del desorden: *peda-*

*zos de papel; barro del Vivero, hojas de flores y una ro-
ta de Begonia,* que el autor compara con un *pedazo de
brocado viejo. Las figuras de los cromos,* como especta-
dores caracterizados por sus abjetivos: *finos y provocativos,* aparecen personificadas por sus acciones: *reían;*
y por *sus posturas... violentas y amaneradas. El salón,*
humanizado por el efecto de un verbo impresionista, es
víctima de un cansancio que refleja el de sus innomina-
dos ocupantes: *parecía fatigado.* Pero es en los verbos
que afectan a *los muebles* donde mejor se advierte el impacto de las personificaciones que animan este fragmento, preñado de alusiones. La indignación que se les atribuye: *parecían amotinadas;* y sus violentas actitudes e
intenciones: *sin orden; en posturas inusitadas; amenazando contar... lo que sabían y callaban;* constituyen
otras tantas manifestaciones expresionistas, que trassla-
dan a los objetos inanimados la repulsa y la condenación
del autor (77). Y, por último, la actitud reflexiva y con-
formista del *sofá de ancho asiento amarillo,* más pru-

---

(77) Para explicarlo con palabras de Elisa Richter, en el procedimiento expresionista "El autor se introduce afectivamente en
el objeto y extrae de éste enlaces de representaciones y de sentimientos que están lejos de hallarse en él. El objeto es tratado como si tuviera vida propia y, por cierto en la dirección de sentimiento y pensamiento del poeta". Y, como la misma autora dice:
"De la vivificación expresionista de la naturaleza a la moderna
'lírica del objeto' no hay más que un paso. La lírica del objeto
constituye una de las más significantes facetas de la poesía ac-
tual". Tratándose, como sucede en este fragmento, de la vivificación de los objetos, parece que ese paso hacia una estética moderna
está salvado.

dente y con más experiencia, cierra la escena, apoyándose en dos verbos también antropomorfos: *callaba*; *conservando su puesto*; que con sus significados pasivos subrayan la complicidad y la impotencia ante lo que, en ese momento y circunstancias, era ya inevitable (78).

La tendencia clariniana a la expresión exaltada, que cristaliza en palabras fuertes, más o menos desorbitadas o hiperbólicas, se desborda también en la selección de ciertos verbos significativos de acciones violentas, cuyos contenidos metafóricos dramatizan las más simples situaciones. En un primer aspecto de esa manifestación, y dentro de la modalidad que antes se ha denominado «el vocabulario de la pasión», encontramos algunos verbos que de manera consistente sustituyen ciertas acciones normales como sentir, mirar, hablar o leer con otras de carácter animalizante:

> Este joven sentimental y amante del saber *se cansó de devorar* en silencio aquel amor único y procuró ser veleidoso, aturdirse (R, 22).

---

(78) Como una coincidencia artística que pudiera subrayar el carácter precursor de la sensibilidad clariniana, es interesante señalar que, hacia 1882, un poeta que la crítica ha situado dentro de la proyección estética modernista, había de evocar un ambiente similar con recursos casi idénticos: El aire está espeso,/ la alfombra manchada, / las luces ardientes, / revuelta la sala; / y acá entre divanes, / y allá entre otomanas, / tropiézase en restos / de tules, — o de alas. ¡Un baile parece / de copas exhaustas! José Martí, "Tórtola blanca" (fragmento), *Ismaelillo* (Nueva York, 1882).

Ana fue objeto de curiosidad general. Querían verla, desmenuzar sus gestos, sus movimientos, ...
Y *se la devoraba con los ojos*; (R, 58).

—Ana, sube; anda tonta! —gritó la viuda mientras *devoraba a la Regenta con los ojos* de pies a cabeza (132).

Glocester, que fingía atender a lo que decían los pollos insulsos, *devoraba con el rabillo del ojo* a los dos grupos (210).

Ana que se dejaba *devorar por los ojos grises del seductor* y le enseñaba sin pestañar los suyos, dulces, apasionados, (284).

—Es claro— *bramaba* desde arriba el otro; y probó otra vez su fuerza (229).

En la taberna, entre tantas blasfemias, entre los aullidos de borrachos y jugadores ella [doña Paula] *devoraba libros,* que pedía al cura (253).

La intensa fuerza expresiva que Clarín desea imprimir a la transposición *leer-devorar* se acentúa mediante una sorprendente metonimia, que transparenta el desenfreno con que Ana Ozores se entrega a sus arrebatos de místico entusiasmo:

Y dejaba el libro sobre la mesilla de noche y con delicia que tenía mucho de voluptuosidad, se entretenía en imaginar que pasaban los días, que recobraba la energía corporal; se contemplaba en el parque, en el cenador, o en lo más espeso de la arboleda, *leyendo, devorando a su Santa Teresa* (335).

Y aún cuando la transposición metonímica sea menos violenta, la noción de leer adquiere un matiz de ansiedad y de pasión insaciables:

A veces, leyendo, se mareaba; ... Pero recobraba el sentido y, a riesgo de nuevo pasmo, volvía a la lectura, a *devorar aquellas páginas,* por las cuales, en otro tiempo, su espíritu distraído, creyéndose vanamente religioso, había pasado sin ver lo que allí estaba (360).

Esa exaltación puede también expresarse mediante las fuertes connotaciones del verbo *agarrar,* muy frecuente en el vocabulario clariniano;

Leyó, leyó siempre que pudo. En cuanto la dejaban sola, y eran largas sus soledades, *los ojos se agarraban a las páginas místicas de la Santa de Ávila* (335).

Cuando se refiere a las acciones de don Fermín de Pas, la intención animalizadora que subyace en las violentas connotaciones del verbo devorar se hace más evidente. El autor suele emplearlo ocasionalmente como sinónimo de leer o mirar y más o menos subrayado por otras expresiones enfáticas:

El espectáculo de la ignorancia, del vicio y del embrutecimiento le repugnaba hasta darle náuseas y se arrojaba con fervor en la sincera piedad y *devoraba los libros* y ansiaba lo mismo que para él quería su madre: el Seminario, la sotana, que era la toga del hombre libre, la que le podría arrancar de la esclavitud a que se vería condenado con todos aquellos miserables si no le llevaban sus esfuerzos a una vida mejor (252).

El magistral, con la boca abierta, sin sonreir, ya con las agujas de las pupilas erizadas, *devoraba a miradas* aquella arrogante amazona de la religión (367).

Pero «el ansia de dominar» y el temperamento apasionado de don Fermín, elementos muy destacados de su caracterización, se materializan en una imagen muy concreta y explícita que Clarín proyecta desde las primeras páginas de la novela:

Cuando estas ideas le sobrecogían, para vencerlas y olvidarlas se entregaba con fervor al goce de lo presente, del poderío que tenía en la mano: *devoraba su presa*, la Vetusta levítica, *como el león enjaulado los pedazos ruínes de carnes que el domador le arroja* (14).

Don Fermín contemplaba la ciudad. Era *una presa* que le disputaban, pero que *acabaría por devorar* él solo (14).

Y esa imputación de ferocidad se acentúa esporádicamente con alusiones implícitas en el lenguaje que en su conjunto, cristalizan en una imagen bastante clara y consistente:

Los herejes que *descuartizaba* el magistral eran frescos. Atacaba a los protestantes (193).

El señor Peláez estaba acostumbrado al estilo del provisor, que nunca era más erudito que al *echar la zarpa* sobre una víctima (199) (79).

En muchos de estos casos, se trata de verbos cuyo sentido figurado ha sido incorporado al lenguaje y constituyen metáforas fosilizadas y más o menos desgastadas por el uso; pero como explica con acierto Sayce, un escritor normalmente imita o emplea aquello que se ajusta a su temperamento o a sus métodos (80), y la nota exagerada y vehemente que añaden esos verbos desproporcionados a las diversas situaciones es tan intensa y consistente, y sobre todo, tan «clariniana», que no puede pasarse por alto:

De sus mejillas *brotaba fuego* (R, 40).

---

(79) "El era el amo del amo. Tenía al obispo *en una* garra" (14); "y sentía *en las fauces* ardor y una sequedad pegajosa" (237); "La beata de la celosía continuaba el run run de sus pecados. El magistral no la oía, oía *los rugidos* de su pasión que vociferaba dentro" (553).

(80) "and in analysing style we are not entitled to leave out what does not seem to be original creation", *Style*, pág. 57.

Al llegar a este punto de sus recuerdos, *la Regenta* sintió que se sofocaba, sus mejillas *ardían* (47)...

le *estallaban chispas* de brasero en los párpados y en el cerebro (48).

sí, ella le pondría a raya *helándole* con una mirada... (53).

aquella turgencia y expansión de formas que al amante del aya *le arrancaban chispas* de los ojos (62).

Ana *sintió brasas* en las mejillas (71).

El calor del fogón, las bromas y la faena *habían encendido brasas* en las mejillas de Obdulia (127).

Todos *ardían* en el santo entusiasmo de la maledicencia (383).

Ana, separándose del roce de aquel brazo que *la abrasaba*, (490).

Pero aquella sotana *le quemaba el cuerpo* (532).

Verbos de contenidos fuertes, sensuales y ardientes, subrayan la intensidad de las emociones:

ella sentía más y más cada vez, gritos formidables de la Naturaleza, que *la arrastraban* a no sabía que abismos oscuros (R, 268).

Aunque la curiosidad *le quemaba* las entrañas (268).

pero ella, ella era la que... volvía a aquel enojo, a la aridez que *le secaba* el alma en aquel instante (271).

ella conocía que a don Alvaro le *estaba quemando* vivo la pasión allá abajo (272)...

y el amor irritado con el agradecimiento y con el señuelo de la ocasión *le derretían* (272)...

antes la hubiera escrito *derritiéndose* de amor y admiración en la carta que le dirigiese (361).

La selección de los verbos de contenidos hiperbólicos responde a veces a un propósito caracterizador. La vigorosa figura de doña Paula, mujer de pueblo, apasionada y vibrante, se agiganta mediante un lenguaje vulgar y vehemente, plagado de dramáticas frases hechas en las que se destacan los verbos exagerados:

—No, no eres un niño; a tí no te duele que tu madre *se muera* de impaciencia, *se muera* de incertidumbre. La madre es un mueble que sirve para cuidar de la hacienda, como un perro; tu madre *te da su sangre, se arranca los ojos* por tí, *se condena* por tí ... pero tu no eres un niño, y *das tu sangre* y los ojos y la salvación... por una mujerota...

....

—Cien veces, mil veces peor que esas que le tiran de la levita a don Saturno, porque esas cobran... pero las señoras *chupan la vida, la honra* (R, 246).

Con frecuencia, las relaciones oblicuas entre los verbos y sus objetos provocan imágenes sensoriales que se traducen en vívidas impresiones visuales o auditivas:

> A las diez y cuarto entró en la alcoba don Víctor, *chorreando pájaros* y arreos de caza, con grandes polainas y cinturón de cuero (320).

> Al amanecer, cuando *la luz* pálida y cobarde *se arrastraba por el suelo*, después de entrar laminada por los intersticios del balcón (326).

> El órgano... soltó el trapo, *abrió todos sus agujeros* y *volvió a regar la catedral con chorritos de canciones alegres* (407).

Aún cuando los sujetos actuantes sean abstracciones animadas, la fuerte connotación sensorial del verbo impone una impresión, que puede ser táctil:

> *el remordimiento de lo grotesco empezó a pincharle el cerebro* con botonazos de jaqueca (R, 483).

En el manejo de ciertos verbos, Alas se define como un artista impresionista (81), que ve las abstracciones actuando:

---

(81) Véase Ch. Bally, "Impresionismo", págs. 15-44, especialmente 28 y 29.

Entre la admiración general *serpeaba la envidia abrazada a la lujuria*; las tenias del alma (R, 352).

la ira, la envidia, la soberbia, la lujuria se sublevaron dentro de ella *saltando* como sierpes (506).

Y percibe los colores en proceso, como si tuvieran una intrínseca actividad vital;

la paja del trigo, escaso, *amarilleaba* entre tanta verdura (R, 9).

la sotana, bordada de zurcidos, *pardeaba* de puro vieja (R, 161).

Los árboles continuaban chorreando el agua de las nubes, pero el cielo *empezaba a llenarse de azul* (R, 483).

Pero otras veces, su voluntad de expresión se manifiesta en verbos de contenidos dramáticamente adversos que, aunque se refieren a simples fenómenos de la naturaleza, transparentan una trágica y desolada actitud personal, que se impone al lector con la diáfana veracidad que surge del estilo, y refleja un pesimismo desesperado (82):

---

(82) Acerca de las posibles motivaciones del pesimismo clariniano, véase Eoff, págs. 67-71.

Las nubes pardas, opacas... *tropezaban*... *se desgarraban*... La tierra fungosa *se descarnaba*... *se dejaba arrastrar*... la niebla (R, 303).

Los árboles floridos *padecieron* los furores de la intemperie... Las florecillas blancas y rosadas de los frutales *caían muertas* sobre el fango: el granizo *las despedazaba* (437).

Todo parecía que *iba a disolverse* (437).

Las nubes... *se deshilachaban* sobre las colinas de lontananza (521).

CAPITULO II

La composición de la frase

Se ha dicho con acierto que «cuando de las formas lingüísticas del estrato de las palabras pasamos a las formas lingüísticas del estrato de los grupos de palabras, entramos en una zona cargada de tradiciones» (1). Y más que en ningún otro aspecto de la naturaleza y la función del lenguaje interfieren los esquemas formales de la gramática con las proyecciones de la estilística. La estructura de la frase, su integración en formas sintácticas superiores, el enlace de las palabras y, en general, los elementos que se incluyen en el concepto de sintaxis (2) son, antes que ninguna otra cosa, presupuestos de ordenación lógica de los conjuntos significativos o, para decirlo con una sola palabra: normas (3). Mientras que el estilo, en el concepto que se intenta precisar en este trabajo, es ex-

---

(1) Wolfgang Kayser, *Interpretación y análisis de la obra literaria* (Madrid: Gredos, 1961), pág. 148.

(2) Acerca de los fundamentos nocionales de las categorías sintácticas, véase Jespersen, págs. 52 a 57.

(3) Los fundamentos lingüísticos de la sintaxis prósica aparecen expuestos con rigor y claridad, si bien fragmentariamente, en

presividad. Y la expresividad es un elemento elusivo y alógico, implícito en el lenguaje y cuyas irradiaciones rebasan la función significativa propiamente dicha para transmitir además otras vivencias (4); o cuando se trata del lenguaje de un autor determinado, para exteriorizar impulsos anímicos o dar forma a una inspiración creativa. Los matices expresivos que se encierran en las estructuras sintácticas han de buscarse siempre partiendo de los límites prefijados por las normas a la composición de la frase o a la coordinación de los períodos, pero van

---

la comparación que hace Amado Alonso entre los módulos sintácticos que corresponden a la poesía y los que se ajustan a la naturaleza de la prosa: "en la prosa, un contenido especialmente intelectual quiere ser desarrollado y transmitido informativamente... en la prosa se discurre o pasea por ella [por la realidad] con los pasos del entendimiento... el prosista tiende a las formas de la razón... el prosista en su explicación-transmisión extiende sus pensamientos ante el lector, los expone entre los dos, como fuera de ambos, como una objetividad en cuyas aras se sacrifica: lo que importa es atinar con lo que es exactamente lo pensado, sin alterar, ni añadir, ni mermar... El prosista... parte de la situación dual, actúa en compañía, y da a sus pensamientos la expresión adecuada para que sean comprendidos cabalmente por el lector. Si en algo se manifiesta esta divergente naturaleza de poesía y prosa es en la sintaxis... En la prosa... tienen su sitio todos los matices de la causalidad, finalidad, tiempo, espacio, condición, etc." *Poesía y estilo de Pablo Neruda* (Buenos Aires: Editorial Losada, 1940), págs. 119-120.

(4) "El lenguaje puede dar implícitamente más de lo que explícitamente expresa y, precisamente en ello radica su fuerza peculiar; precisamente porque puede quedar tácito algo esencial en el lenguaje, encierra éste tantos misterios". Snell, pág. 70.

a encontrarse con más frecuencia dentro del ámbito que ofrecen al artista las posibilidades de elección (5). Y el siglo XIX, en materia de sintaxis, fue muy propicio a los cambios y ensanchó notablemente los márgenes de la elección. La insatisfacción de los escritores realistas con el estilo ampuloso y oratorio arraigado en sus tradiciones (6), y la búsqueda de una expresión más directa que, sin rebajar la calidad artística de la prosa literaria, acortara la distancia entre el rigor académico de la lengua escrita y la auténtica vitalidad de los giros orales, pare-

---

(5) "Each writer has, as Valery once put it, his own language, and the unique features of his style can only be determined against the background of the expressive resources at his disposal. We cannot hope to detect deviations from the norm unless we are familiar with the norm itself". Ullmann, *Style*, págs. 4-5.

(6) "On peut l'exprimer en disant que Flaubert, dont la nature est essentiellement oratoire, et que toutes ses oeuvres de jeunesse nous manifestent comme un talent oratoire, se construit, par discipline et volonté, contre l'oratoire, l'élimine de plus en plus à partir de *Madame Bovary*". Albert Thibaudet, *Gustave Flaubert* (Paris: Gallimard, 1935), págs. 226.

"Eça tenía conciencia de su fondo oratorio, de su amor lusitano por la elocuencia, que no podía desarraigar... en unas páginas dirigidas al extranjero, vemos al escritor confesarse a través de su pueblo; 'Nous aimons passionément. a tout envelopper dans du bleu; une belle phrase nous plaira toujours mieux qu'une notion exacte'. Guerra Da Cal, pág. 238.

Y el propio Clarín, en la misma orientación, afirma: "Es este elemento el estilo de gran importancia en cualquier caso, pero nunca como en este empeño de restituir el arte a la realidad. Grandes peligros ofrece en España el atrevimiento de romper con el estilo convencional y artificioso, de recepción oficial, de paranin-

cen haber sido manifestaciones de una inquietud de época, que se sintió muy temprano en Francia (7) y que, al responder a una manera distinta de percibir los fenómenos de la realidad, marcó nuevos rumbos a las concepciones sintácticas. «La frase corta, el predominio de las formas nominales y la tendencia a suprimir los nexos causales y a evitar las construcciones subordinadas, sustituyéndolas por las yuxtapuestas, fueron las más importantes conquistas de una revolución sintáctica que culminó, con notas exageradas, en el estilo de los impresionistas franceses, y cristalizó en nuevas formas de expresión, muchas de ellas aún vigentes en el siglo XX» (Alonso-Lida, págs. 174-177). En España, el inicio, lo mismo que

---

to, que pasa aquí, para los más como el único castizo, correcto, noble y elegante. Hay muchos escritores que se burlan de la Academia para decir impunemente sus barbarismos y solecismos; pero son pocos los que, en vez de menospreciar la gramática, menosprecian la falsa oratoria de un lenguaje arcaico y de relumbrón. Si en toda clase de escritos la falta de naturalidad y sencillez es deplorable, como en ningún otro género lo es en la novela". *La literatura en* 1881 (Madrid, 1882), págs. 140 y 141.

(7) "Siempre necesita la lengua escrita apoyarse en la oral si no quiere fosilizarse y morir; pero hay épocas en que la lengua literaria se va encerrando profesionalmente en sí misma y momentos en que una generación de escritores siente de pronto la asfixia y abre puertas y ventanas al aire de fuera. Desde Balzac, con muchas peripecias entre naturalistas impresionistas, la lengua oral irrumpió torrencialmente en la prosa francesa (y, de rechazo, en otras), renovando en unos escritores el vocabulario, en otros la fraseología y en todos el movimiento de la frase". Amado Alonso y Raimundo Lida, "*El impresionismo lingüístico*", pág. 174. Lanson, págs. 261-62.

la culminación de esas innovaciones suele atribuirse por
entero a los escritores de la Generación del 98 (8), probablemente a causa de la atención que se ha dispensado
a la investigación estilística de la prosa española de fin
de siglo, en contraste con el abandono y la penuria que,
en ese aspecto, prevalecen en cuanto a los novelistas de
la generación anterior. Porque si es indudable que los
escritores del 98 cultivaron una prosa artística, de rasgos sintácticos muy precisos y extremados, su actitud
ante el lenguaje no debiera considerarse tan radicalmen-
te ajena a la de sus predecesores, ni sus recursos expresivos como surgidos de la pluma de un escritor determinado, por la sola influencia francesa y sin otros antecedentes más cercanos (9).

---

(8) Véase Hans Jeschke, *La Generación de 1898 en España.
Ensayo de una determinación de su esencia*, Traducción, introducción y notas de Y. Pino Saavedra (Santiago de Chile: Universidad
de Chile, 1946), págs. 180-98. Después de este estudio, cuyas interesantes observaciones sobre el vocabulario y la sintaxis de los
hombres del 98 valdría la pena confrontar con textos de otros escritores representativos del realismo español (el autor emplea únicamente textos de Valera), no son raros comentarios como el siguiente: "En España no se manifestará este fenómeno [la elimi-
nación de las partículas de conexión lógica y de dependencia sin-
táctica] hasta principios del siglo XX, cuando los jóvenes escritores de la generación del '98' se lanzan a liberar su prosa de lo que
Unamuno llamaba 'lañas lógicas', recabando con esta actitud los
fueros de la emoción contra los de la razón". Guerra Da Cal,
pág. 240.

(9) Véase Mariano Baquero Goyanes, "Azorín y Miró", *Pers-
pectivismo y contraste* (Madrid: Gredos, 1963), págs. 110 y 154-58.

En el caso de Alas, una valoración apriorística de las estructuras sintácticas que con más frecuencia emplea pudiera señalar proyecciones en cierto modo paralelas a las que se observaron en su vocabulario, y que conducen a calificarlo como un escritor de transición y de síntesis, cuya filiación estilística sería muy difícil de precisar con base en su sintaxis. En su prosa puede encontrarse variedad y riqueza de composición, desde la frase amplificatoria, preñada de incisos modificadores y engarzada en extensos períodos de movimiento rítmico, muy consistente en su obra, hasta la frase cortada, escueta y directa, al modo de los impresionistas, que ocasionalmente emplea; intención mimética, que procura ajustar las formas sintácticas al ritmo temporal de la narración, a los contenidos temáticos, al ambiente en que se mueven los personajes o a su retrato psicológico; y como un rasgo otra vez predominante, exaltación apasionada que se traduce en elocuencia y se apoya en construcciones sintácticas enfáticas y repetitivas.

En la composición de la frase clariniana se ha señalado una trayectoria de evolución creciente hacia la depuración de las construcciones subordinadas, que se ha tratado de comprobar comparando sus narraciones cortas de distintas épocas (10). Pero la versatilidad que se

---

(10) "En las narraciones del joven cuentista notamos un estilo prolijo, de párrafo largo y sintaxis compleja. Salta a la vista este rasgo característico, en mayor o menor grado, en todas las narraciones de las colecciones de "Solos" y "Pipá"... Se debe esta característica seguramente al influjo del naturalismo, que propendía hacia el lujo descriptivo y el detenido análisis de observación.

advierte en las estructuras sintácticas de Alas no parece estar tan claramente relacionada con la cronología de su obra. Y más bien encuentra su razón de ser en la diversidad del propósito artístico del autor, que le induce a manejar los recursos sintácticos tradicionales de la lengua o a introducir las innovaciones de la época de acuerdo a distintas perspectivas impuestas por las exigencias de la narración.

El ajuste entre el movimiento de la frase y el tiempo real en que transcurren las distintas acciones es un sutil trabajo de arte cuyos efectos a veces se perciben evidentes:

> En lo alto de la escalera, en el descanso del primer piso, doña Paula, con una palmatoria en la mano y el cordel de la puerta de la calle en la otra, veía silenciosa, inmóvil, a su hijo subir lentamente con la cabeza inclinada, oculto el rostro por el sombrero de alas anchas (R, 244).

Movido por el afán de hacerse entender completamente, de explicarlo todo minuciosamente, se muestra gran detallismo tanto en la descripción de los ambientes como en la de los personajes y los sucesos. De ello nace un estilo prolijo y profuso, tal como lo observamos en las primeras narraciones de Clarín. Poco a poco, Leopoldo Alas se irá librando de este procedimiento para aspirar a una visión mas serena, más clara y sencilla de las cosas. No es que Clarín en sus narraciones posteriores renuncie por completo al párrafo largo. Pero aun en las frases más largas, pone una cosa después de otra, sin hacer incisos y consideraciones pasajeras e incidentales". Katherine Reis, págs. 87-88 y 89.

El núcleo significativo de esta frase es bien simple: *doña Paula veía a su hijo subir*. Pero se amplifica mediante la distribución equilibrada de complementos modificadores que separan sus miembros en un artístico empeño de integrar los elementos lingüísticos descriptivos al ritmo temporal de la acción que representan. En otros casos, la adecuación de la sintaxis al tiempo se logra mediante frases cortas y yuxtapuestas, que copian con estricto rigor el orden en que ocurren los hechos descritos:

> Alarma general. Se suspende el baile clandestino, Don Víctor se aturde, ruega a su esposa que vuelva en sí... Se busca agua, esencias... Llega Somoza, pulsa a la dama, pide... un coche. Y se acuerda que Visita y Quintanar lleven a aquella señora a su casa, bien tapada en la berlina de la marquesa. Y asi fué (R, 428).

El dinamismo que se advierte en este fragmento depende de la acumulación de frases breves, compuestas únicamente de elementos significativos esenciales y en las que los verbos finitos en presente ponen una nota de viva actualidad. Tras de las formas impersonales *se suspende, se busca, se acuerda*, se agita una multitud de sujetos que difuminan sus presencias para destacar en un primer plano la urgencia y la importancia de sus acciones. Un fino y cáustico matiz de ironía, muy clariniana por cierto, hace sonseír cuando se advierte la impericia del médico favorito de la aristocracia vetustense, que *llega, pulsa,* y después de unos instantes de vacilación que los puntos suspensivos muy sutilmente copian, *pide... un coche* (11). Y el período concluye con una breve acción perfectiva que cierra el cuadro y subraya con su tono irreparable el dramático suceso; *Y así fué.*

El dinamismo que se logra con la yuxtaposición de frases cortas y escuetas puede proporcionar a un trozo narrativo un movimiento semejante al flujo de las imágenes cinematográficas:

Un perro cursi, pero muy satisfecho de la existencia, canelo, insignificante, pasó por allí al parecer lleno de ocupaciones. Iba de prisa pero no le faltaba tiempo para entretenerse en los accidentes del camino. Quiso tragarse una golondrina que le pasó junto al hocico. Es claro que no pudo. No se inquietó; siguió adelante. Dió con un papel que debía de haber envuelto algo substancioso. No era nada; era un pedazo de *Correspondencia* que había contenido queso. Adelante. Un chiquillo le salió al paso. *Dos brincos, un gruñido, un simulacro de mordisco,* y después nada: *el más absoluto desprecio.* Adelante. Ahora *una perrita de lanas,* esclava, melindrosa, remilgada. *Algunos chicoleos, dos o tres asaltos amorosos, protestas de la perra y de sus dueños, un matrimonio viejo.* Bueno, corriente. ¿Que no quieren? ¿Que hay escrúpulos? En paz. Adelante; lo que a él le sobraban eran perras. Y se perdió a lo lejos, torciendo a la derecha, camino de la Casa de la Moneda (S, 809).

---

(11) Acerca de la función expresiva de los puntos suspensivos en la prosa clariniana, véase Katherine Reis, págs. 89-95.

Las acciones del perro que protagoniza este fragmento aparecen sincronizadas con el movimiento sintáctico del período en una gradación de ritmo ascendente, que va desde las fases mas largas, representativas de una *prisa* a la que *no le faltaba tiempo,* hasta el movimiento acelerado de las expresiones nominales, algunas de ellas de significados activos, que más adelante se acumulan, y que subrayamos en el texto. El dinamismo que imprimen al pasaje las locuciones temporales *después, ahora* y el impulso que proporciona a la sintaxis la interjección *Adelante,* tres veces reiterada, contribuyen a la impresión general de actividad. Y el cuadro termina, como siempre, con una fórmula de cierre, que esta vez consiste en la determinación de una perspectiva espacial que fija la escena en que el perro se pierde de vista: *a lo lejos, torciendo a la derecha, camino de la Casa de la Moneda,* con una técnica otra vez semejante a la que dispone los cambios de puntos de vista y los cortes de las escenas en el cine (12).

Las frases cortas, ordenadas en forma enumerativa de las acciones, sin nexos lógicos que impliquen dependencia, facilitan al autor el tránsito, apenas perceptible, de la narración en estilo indirecto a la íntima compenetración con los pensamientos del personaje, característico del estilo indirecto libre (13):

(12) Acerca de las posibles afinidades entre "el flujo de palabras de discursos humanos y el flujo de imágenes en el cine". Véase Bühler, págs. 569-75.

(13) El interés que despertó entre los novelistas franceses del

Pasó una mano por la frente; se tomó el pulso, y después se puso los dedos de ambas manos delante de los ojos. Era aquella su manera de experimentar si se le iba o no la vista. Quedó tranquila. No era nada. Lo mejor sería no pensar en ello. «¡Confesión general!». Sí, esto había dado a entender aquel señor sacerdote. Aquel libro no servía para tanto. Mejor era acostarse. El examen de conciencia de sus pecados de la temporada lo tenía hecho desde la víspera. El examen de aquella confesión general podía hacerlo acostada. Entró en la alcoba. (R, 42).

El paso del pretérito absoluto al imperfecto y al futuro hipotético, que en este pasaje no responde a una ruptura del rítmo temporal sino a un cambio de planos narrativos, ofrece al lector las reflexiones de Ana Ozores en un orden continuo y fluído, sin las interrupciones que

siglo XIX el estilo indirecto libre repercutió en España y Clarín lo menciona como un "subterráneo hablar de una conciencia", que considera muy eficaz: "Otro procedimiento que usa Galdós [en La Desheredada], y ahora con más acierto y empeño que nunca, es el que han empleado Flaubert y Zola con éxito muy bueno, a saber: sustituir las reflexiones que el autor suele hacer por su cuenta respecto de la situación de un personaje, con las reflexiones del personaje mismo, empleando su propio estilo, pero no a guisa de monólogo, sino como si el autor estuviera dentro del personaje mismo y la novela se fuera haciendo dentro del cerebro de éste. "*La literatura*", pág. 137. Sobre el estilo indirecto libre, su historia y sus técnicas, véanse entre otros: Margarite Lips, *Le style indirect libre* (París: Payot, 1926); Ullmann, *Style*, págs. 94-120; Thibaudet, págs. 244-61.

suponen los nexos indispensables al relato en estilo indirecto convencional.

En ocasiones, el estilo indirecto libre se anima con la vivacidad de la sintaxis coloquial, pintoresca y salpicada de exclamaciones enfáticas, y entonces sirve a la caracterización de un personaje:

> La digna esposa de Infanzón también estaba cansada, aburrida, despeada, pero no aturdida. Hacía más de una hora que no oía palabra de cuanto hablaba aquel charlatán, sinvergüenza, libertino. ¡Oh si no fuera porque su marido todo lo consideraba inconveniencia y falta de educación! ¡Si no fuera porque estaban en la casa de Dios! ... Estaba escandalizada, furiosa. ¡Bonito papel iban representando ella y el bobalicón de su marido! Le había hecho señas, pero inútilmente. El pensaba que aludía a la arquitectura y se hacía el distraído. ¿Y la doña Obdulita? No, y que parecía maestra en aquel teje maneje. No habían desperdiciado ni una sola ocasión. ¡Claro! Y así les habían traído y llevado por desvanes y bodegas muertos de cansancio. En cuanto estaba oscuro... ¡Claro!, se daban la mano. Ella lo había visto una vez y supuesto las demás. Y él la pisaba el pie... y siempre juntos; y en cuanto había algo estrecho, querían pasar a la una..., y pasaban ¡qué desenfreno! Pero, ¿de dónde le venía a su marido la amistad de aquella señorona? (R, 39-40).

Cierto es que la eficacia mimética de este pasaje tiene mucho que ver con la selección del vocabulario y con la vitalidad de los giros idiomáticos que el autor supone en la mente de su personaje, pero la ausencia de verbos introductorios que interrumpan el discurso y la incorporación al relato de recursos propios de la sintaxis del estilo directo, como son las exclamaciones, las oraciones interrogativas y la repetición de la conjunción *y* en posición anafórica, componen una viva imagen lingüística de la indignada «señora de pueblo» a quien Clarín también llama «la noble lugareña» para precisar aun más la caracterización que se propone.

Otras veces, las interferencias del estilo indirecto libre o «lenguaje vivido» (14) llevan al relato modalidades del habla típica de una clase determinada, que se refleja de manera inconfundible en la construcción de las frases que el autor atribuye a un personaje:

> Pero la astuta moza, que sabía contenerse cuando era por su bien, se reprimió, y cambiando el tono y el estilo se disculpó, disimuló su enojo, y dijo que todo estaba perfectamente, y que ella misma pediría la soldada, y se iría tan contenta, no a la fonda, sino a otra casa; una proporción que tenía y que no podía decir todavía cuál era. Por lo demás, tan amigos, y si el señorito, don Alvaro, la necesitaba, allí la tenía, porque la ley era la ley; y en lo tocante a callar, un sepulcro. Que ella lo había hecho por afición a una persona, que no

(14) La denominación "lenguaje vivido" o "discurso vivido" tiende a sustituir a la más incómoda de "estilo indirecto libre" introducida por Charles Bally, a quien se deben los primeros estudios sobre este procedimiento narrativo. Véase Vossler, pág. 156.

había por qué ocultarlo, y por lástima de otra, casada con un viejo chocho, inútil y *chiflao* que era una compasión (R, 510).

En este fragmento, tampoco todas las notas caracterizadoras pertenecen al campo de la sintaxis, porque el vocabulario no pudiera ser más revelador de la condición social y del oficio de Petra, pero las frecuentes elipsis y el empleo insistente de las conjunciones *y, que*, prodigadas hasta el exceso, reflejan con eficacio el habla limitada, monótona y repetitiva que corresponde al personaje (15).

En el estilo directo, los efectos miméticos de la sintaxis son tan inseparables de los del vocabulario y además tan obvios, que no parece necesario insistir en su comentario que, en algunos aspectos, ya se ha intentado antes al tratar de las posibilidades expresivas del adjetivo antepuesto. La imitación de las sintaxis amanerada típica de los periódicos locales, y de las construcciones formulaicas propias del lenguaje notarial o de la jerga administrativa, las parodias del habla retórica de personajes pedantes y los giros idiomáticos populares constituyen otros tantos patrones sintácticos bien definidos, que matizan los diálogos clarinianos convirtiéndolos en vívidos documentos del habla de su época.

---

(15) Para el estudio de la sintaxis propia del lenguaje oral, véase Werner Beinhauer, *El español coloquial* (Madrid: Gredos, 1963) págs. 275-301.

Las estructuras enumerativas.

La enumeración, «vieja como el mundo», ha sido explicada en sus fundamentos como un resultado de una actitud metafísica del poeta ante la maravilla del mundo y como un intento apasionado de representar con palabras su infinita variedad (16). Con esas premisas, resulta bien claro que los propósitos artísticos de las enumeraciones han de cambiar de acuerdo a las distintas actitudes con que el hombre contempla el misterio del cosmos en las distintas épocas (17).

El fenómeno enumerativo que se observa en la prosa de Alas es tan consistente y de tal amplitud, que su análisis se impone como un presupuesto indispensable al comentario de su estilo, aunque no sea posible, ni siquiera

---

(16) Leo Spitzer, "La enumeración caótica en la poesía moderna", *Lingüístiqua e historia literaria* (Madrid: Gredos, 1968), págs. 247-91.

(17) Dámaso Alonso, en su estudio en colaboración con Carlos Bousoño *Seis calas en la expresión literaria española* (Madrid: Gredos, 1951), págs. 12, 41 y 42, citado *Seis calas*, dice: "Lo plural, en el despliegue de sus miembros, es una de las inclinaciones constantes de la expresión literaria de todos los tiempos y todas las épocas... Cada época literaria hace un análisis distinto de las pluralidades del mundo físico o espiritual; mejor dicho, cada época selecciona de la variedad vital determinados tipos de pluralidades que especialmente le interesan... Esta expresión peculiar de las pluralidades forma parte, allá en las oscuras raíces de la expresión, de la unicidad de cada época, de su voluntad de ser y de ser distinta, de su imagen del mundo, de su cargazón de conciencia y de su vehemente necesidad de transmitir esa carga".

se pretenda, precisar los fundamentos de su abrumadora insistencia (18).

Bien sea una necesidad de balance y armonía que busca satisfacer una reminiscencia clásica, o una tendencia barroca y personal a la expresión desbordada y exuberante, o un simple propósito de exactitud minuciosa y realista, lo cierto es que la estructura de la prosa clariniana es básicamente seriada y con muchísima frecuencia reiterativa. Desde los esquemas complejos, formados por series de oraciones completas o de miembros de oraciones, hasta las estructuras más simples, que acumulan formas lingüísticas aisladas, el patrón enumerativo se impone a la observación del lector y puede comprobarse fácilmente en cualquiera de sus páginas.

La enumeración de oraciones, cuando son enunciativas, es un resultado de la coordinación paratáctica que predomina en la prosa de Alas, y añade poco al estudio de la expresividad. Pero a veces contiene leves matices reiterativos que logran evocar un ambiente:

> La estancia estaba casi a oscuras; por los grandes balcones no se dejaba pasar más que un rayo de luz; se hablaba poco, se suspiraba y se oía el aleteo de los abanicos.
> ....

---

(18) De acuerdo a las sustanciosas observaciones citadas en las notas procedentes, hay que convenir en que un estudio de pluralidades que no valore al artista comparativamente y en relación con circunstancias de tiempo y espacio, si pretende ser interpretativo, puede resultar insuficiente, cuando no errado.

Hubo unánime aprobación por señas. Muchas cabezas se inclinaron lánguidamente; y se volvió a suspirar. Aquello del republicanismo no necesitaba comentarios (R, 54).

Cuando las oraciones acumuladas representan acciones perfectivas, la enumeración puede provocar efectos muy dinámicos, que reflejan con eficacia la ansiedad de un personaje:

> Doña Paula había vuelto a entrar en el despacho de su hijo. Registró la alcoba. Vió la cama *levantada*, tiesa, muda, fresca sin un pliegue; salió de la alcoba; en el despacho reparó en el sofá de reps azul, las butacas, las correctas filas de libros amontonados sobre sillas y tablas por todas partes; se fijó en el orden de la mesa, en el del sillón, en el de las sillas. Parecía olfatear con los ojos. Llamó a Teresina; le preguntó cualquier cosa, haciendo en su rostro excavaciones con la mirada, como quien anda a minas; se metió por los pliegues del traje, correcto, como el orden de las sillas, de los libros, de todo. La hizo hablar para apreciar el tono de la voz, como el timbre de una moneda.
>
> La despidió.
>
> —Oye —volvió a decir...— Nada, vete.
>
> Se encogió de hombros (R, 179. El subrayado es del autor).

La técnica enumerativa que acumula oraciones cortas y en las más extensas emplea también complementos seriados puede explicarse, de manera simplista, como un afán de detallismo, y sin duda responde a la modalidad realista de documentar con exactitud la narración, pero nadie podría negar que en este fragmento hay mucho más que eso, y que la figura de doña Paula emerge en la imaginación del lector vívida, intensamente activa y caracterizada con maestría, en gracia a la magia del estilo (19). Es claro que en la escena descrita no todo el valor expresivo está en la sintaxis, y que las locuciones metafóricas *olfatear con los ojos*; *haciendo excavaciones con la mirada*; *como quien anda a minas*; *se metió por los pliegues del traje* delatan una intensidad que no cabe en los límites normales de la lengua, pero en cuanto al efecto dinámico el esquema enumerativo resulta determinante.

La preferencia de Clarín por el desarrollo analítico de su pensamiento se manifiesta desbordada en las enumeraciones de formas lingüísticas aisladas, que acumula en largas series, a veces excesivas, como si quisiera agotar todas las posibilidades significativas del lenguaje (20).

―――――

(19) "Pero de los muchos tipos y caricaturas que pululaban en *La Regenta*, ninguno más fuerte, más quevedesco, por así decir, que la madre del Magistral, doña Paula. A ella consagró Clarín toda la fuerza estilística de que era capaz". Gramberg, pág. 251.

(20) Refiriéndose a un discurso oral, y con un bello y expresivo símil, que además encierra una delicada nota de fina crítica, alude Azorín a esa desproporción que Clarín parecía encontrar entre lenguaje y pensamiento: "Su discurrir era como el sacar cerezas de un cesto. Una se enreda con la otra, y la otra tira de dos o tres más. En la oratoria de Clarín, al ofrecerse un inciso, se presentaba de seguida otro que se incluía en el primero. Y todavía, después de este segundo inciso o consideración lateral, venía un tercero, que se insertaba en el segundo. El auditorio seguía la

La modalidad más simple en sus mecanismos y en sus efectos es la que enumera formas sustantivas semejantes en función de sujetos, atributos o complementos gramaticales (21):

Abogados, procuradores, escribanos, comerciantes, industriales, empleados, propietarios, todos hacían lo mismo (R, 94).

sillas largas, mecedoras, marquesitas, confidentes, taburetes, todo era una conjuración de la pereza (116).

Costureras, chalequeras, planchadoras, ribeteadoras, cigarreras, fosforeras, y armeros, zapateros, sastres, carpinteros y hasta albañiles y canteros, sin contar otras muchas clases de industriales se daban cita bajo las acacias del Triunfo (140).

En todos estos pasajes se observa que las series están formadas por sustantivos correspondientes a nociones diversas de un mismo género, y por ese motivo, se percibe

oración trabajosamente. La sustancia que se le ofrecía era excesiva para su nutrimiento". "Clarín", *Obras selectas* (Madrid: Biblioteca Nueva, 1962), pág. 860.

(21) La proliferación de sustantivos seriados que, en diversas posiciones gramaticales y con distintos efectos expresivos, se observa en la prosa clariniana no podría demostrarse cabalmente con ejemplos aislados y, por otra parte, es comprobable por la simple lectura de cualquier página elegida al azar. Por ese motivo y por razón de brevedad, limitaremos rigurosamente el número de ejemplos que ilustran este aspecto de su estilo.

un primer efecto de unidad dentro de lo múltiple y de variedad dentro de lo semejante. La indeterminación que conlleva la ausencia de artículos (22) y el empleo del plural en los distintos miembros de las series se acrecienta con el brusco enlace asindético que los acumula, aumentando la impresión multitudinaria que provocan los conjuntos. Pero al mismo tiempo, una voluntad de orden prevalece en su clasificación por especies. Profesiones, muebles destinados al descanso, y oficios de diversa índole se enumeran respectivamente en cada una de las series citadas para someterlas a la acción común de un solo verbo, en busca de una visión integrada de mundos realmente heterogéneos. En algunas series se mantiene además una clasificación interna, que agrupa los miembros en gradación de categorías: *abogados, procuradores, escribanos*; *comerciantes, industriales, empleados*; o por grados de semejanza dentro de su género: *costureras, chalequeras*; *cigarreras, fosforeras*; *albañiles* y *canteros* (23). El ritmo de las cadencias, asegurado por la intuición artística que reúne palabras de acentuación pro-

---

(22) Acerca de los valores expresivos de la ausencia o presencia del artículo, véase Amado Alonso, "Estilística y gramática del artículo en español", *Estudios lingüísticos. Temas españoles* (Madrid: Gredos, 1961), págs. 133-48.

(23) Las implicaciones estéticas de esa manifestación formal de gradación jerárquica, que tal vez transparenta una tendencia del autor a la estratificación de las clases sociales, se comprueba por contraste observando ciertas escenas en las que se subraya, como un elemento perturbador, la desordenada mezcolanza de distintas categorías sociales (R, págs. 278 y sgtes. y 406 y sgtes.).

sódica casi siempre idéntica y de número de sílabas similar, parece acentuar el orden y la armonía que se advierten en los conjuntos. Y una fórmula de recapitulación o cierre, generalmente presidida por el «todo» que se ha llamado sintético o integrativo (Spitzer, pág. 278), (24), subraya y comprueba que la intención unificadora de lo múltiple y lo disímil, es uno de los más notables efectos de estas enumeraciones: *todos hacían lo mismo*; *todo era una conjuración de la pereza.*

En muchas de las series, la fórmula unificadora se intensifica mediante su repetición en posición anafórica:

Asistían *a todas* las novenas, y *todos* los sermones, *a todas* las confradías y *a todas* las tertulias de buen tono (R, 70).

Era el lugar donde se reunían *todos* los oficios, *todas* las edades, *todas* las ideas, *todos* los gustos, *todos* los temperamentos (94).

Nada de caminitos, *nada de* sendas de barro y escarcha, *nada de* huellas (DB, 747).

Pero aún cuando el nexo que se reitera no sea integrativo, la monótona insistencia de la anáfora puede proporcionar coherencia a los miembros de la serie:

----

(24) El resumen con *hasta*, *nada* u otros nexos que implican totalización aparece también con frecuencia en las enumeraciones clarinianas: *y hasta albañiles y canteros.*

>...y se le antojó envidiar *a los* animales, *a las* plantas, *a las* piedras (R, 73).

>*tanta* muerte, *tanta* verguenza, *tanta* dispersión y podredumbre... (Suh, 572).
>serían como siempre, amantes; ...amantes *por el* hábito, *por la* facilidad, *por el* pecado mismo (666).

Otras veces, lejos de resultar monótona, la repetición anafórica que martillea en una larga serie de sustantivos, aparte de su eventual función coordinadora, puede expresar eficazmente la más apasionada y vehemente exasperación:

>...se había enamorado *de la* carne fofa, *y de* menos todavía, *de la* ropa de sastre, *de los* primores de la planchadora, *de la* habilidad del zapatero, *de la* estampa del caballo, *de las* necedades de la fama, *de los* escándalos del libertino, *del* capricho, *de la* ociosidad, *del* polvo, *del* aire... (R, 530).

Y de modo semejante, la enumeración polisindética puede reflejar muy claramente la ansiedad:

>se vistió a medias, *y* tropezando con paredes, *y* puertas, *y* muebles, *y* personas, llegó al lecho de su esposa (Suh, 696).

>le había acometido un ansia loca *de* volverse atrás, *de* apearse, *de* echar a correr en busca de los *suyos* que eran Sabelona, *y* los árboles, *y* el prado, *y* el palacio..., todo aquello que dejaba tan lejos (DB, 746).

O también, con el auxilio de los plurales, puede contribuir a una impresión de intenso dinamismo:

> y, en tanto, tranvías, *ripperts*, *y* simones, ómnibus *y* carros, *y* caballos *y* mozos de cordel, cargados, iban y venían, como saetas que se cruzan en el aire... (DB, 745).

Cuando las series están formadas por sustantivos dísimiles en sus significados y que, pese a formar parte de una idea central, no pueden integrarse fácilmente en un género próximo, resultan simplemente enumerativas:

> imitaban las muchachas del pueblo los modales, la voz, las conversaciones de las señoritas (R, 140).

> Sabía en números decimales la capacidad de todos los teatros, congresos, bolsas, circos y demás edificios notables de Europa (114).

> Se hablaba... de la vida, del sol, de la luz, de la nieve, de la caza (C, 767).

A veces los sustantivos de contenidos heterogéneos, aunque no pueden considerarse desmembraciones de un concepto sintético más amplio, contienen algún elemento común que la seriación refuerza. Y así una relación pormenorizada de desgracias, enumeradas en plural y en forma asindética, puede evocar un ambiente dramático bien definido:

Suicidios, tisis, quiebras, fugas, enterramientos en vida, pasaban como por una rueda de tormen to por aquellos dientes podridos y separados, que tocaban a muerto con una indiferencia sacristanesca que daba espanto (Suh, 571).

El análisis de esas series corresponde más bien al estudio de la reiteración de matices, pero en muchos casos los elementos reiterados son sutiles y prevalece en ellas el propósito enumerativo. Y es que la creación de ambientes de muy variada índole parece ser uno de los efectos más relevantes de la técnica enumerativa, en cuyos conjuntos suele el autor abarcar pequeños, pero muy vívidos universos parciales:

Había apretones de mano, golpecitos en el hombro, bromitas sempiternas, chistes, risas, secretos al oído (R, 29).

Y en su lugar puso alegres acuarelas, mucho torero y mucha manola y algún fraile pícaro... (116).

También allí había cuchicheos secretos, al oído... rostros lánguidos, ceños de enamorados celosos, miradas como rayos de pasión... Entre aquel cinismo aparente de los diálogos, de los roces bruscos, de los tropezones insolentes, de la brutalidad jactanciosa, había flores delicadas, verdadero pudor, ilusiones puras, ensueños amorosos que vivían allí sin conciencia de las miasmas de la miseria (141).

las sábanas de batista, la cama caliente, la pluma,
el aire encerrado en fuelles de seda, el suelo mu-
llido, las rendijas de las puertas herméticamente
cerradas, el heno, las manzanas y cidrones metidos
en la ropa, el alcanfor y los cien olores de que ya
sabía Celestina (Suh, 611).

A veces en una serie que parece simplemente enumerativa, se desliza un detalle que contribuye o, por mejor
decirlo, responde a la consistencia de una caracterización:

Si él hubiera sido señor, alcalde, canónigo, fon-
tanero, guarda del Jardín Botánico, empleado en
casillas, sereno, algo grande, en suma, hubiera hecho lo mismo (R, 10).

En este ejemplo, la enumeración sigue un orden un
tanto arbitrario, que coloca en un mismo plano funciones
que corresponden a muy distintos niveles. Una observación cuidadosa pudiera descubrir además una gradación
descendente desde *señor* hasta *sereno*. Y la intención unificadora se cumple en una fórmula de recapitulación final, que abarca impropiamente todos los conceptos de
la serie, como si pudiera incluirlos: *algo grande, en suma*. Esa aparente inadvertencia del desnivel jerárquico
que existe entre los elementos de la serie, forma parte
de un sutil procedimiento caracterizador, porque mediante el artificio del estilo indirecto libre, el autor se
ha colocado en la perspectiva de un personaje humilde,
que expresa de ese modo su ignorancia sobre el valor de

las distintas categorías y su admiración respetuosa ante cualquier oficio que implique autoridad.

La seriación de conceptos abstractos y concretos puede causar efectos de cómica ironía:

> con pocas recomendaciones, pocas camisas y pocas esperanzas (B, 1004).

La inesperada mención de un concepto tan inmaterial como lo es la esperanza, yuxtapuesta sin transición a una serie de objetos tan materiales como las recomendaciones y las camisas provoca un sorprendente contraste, que el autor subraya aún más con el empleo unificador de la anáfora (25).

A veces la enumeración resulta tan superflua, que no puede explicarse a no ser por un porfiado empeño de intensificación, que refleja el temperamento extremista del autor:

> Ya no pasaba nadie por la plaza Nueva, ni lacayos, ni curas, ni chiquillos, ni mujeres de pueblo; todos debían estar ya en el cementerio o en el Espolón... (R, 271).

---

(25) Helmut Hatzfeld encuentra interesantes implicaciones en estos enlaces abstractos-concretos, muy frecuentes en el *Quijote*, y considera que pueden relacionarse con la intención de resolver en armonía el conflicto entre la realidad y el ideal. Hatzfeld, págs. 35-40.

La desmembración analítica de un concepto tan rotundo, tan claro, y por sí mismo enfático como lo es *nadie*, y la inmediata integración de sus elementos en el resúmen *todos*, pudiera parecer un juego retórico, pero traduce un vivo afán de énfasis expresivo, y se justifica artísticamente como una alusión implícita a la absoluta soledad de Ana, que la repetición de la conjunción adversativa *ni* y la humilde condición de las criaturas enumeradas quiere hacer más patética, intensificándola por virtud de esas negaciones y contrastes.

Cuando las series de sustantivos disímiles tienen muchos miembros, pueden lograr efectos hiperbólicos, por el resultado mecánico de la excesiva repetición:

> Malhaya el dignísimo obispo, salvo el respeto debido; malhaya el dignísimo obispo don García Madrejón, que consintió este confuso acervo de adornos y follajes, quintaesencia de lo barroco, de la profusión manirrota y de la falsedad. Cartelas, medallas, hornacinas, ... capiteles, frontones rotos, guirnaldas, colgadizos, hojarasca, arabescos que pululáis por las decoraciones de puertas, ventanas, tragaluces y pechinas; en nombre del arte... yo os condeno a la maldición de la Historia (R, 40).

El tono ampuloso y desmesurado que, como ya se ha visto antes, forma parte de la caracterización de don Saturnino Bermúdez, comienza a insinuarse con el superlativo *dignísimo*, que aparece dramáticamente repetido, y se acrecienta mediante palabras de significados excesivos: *quintaesencia, profusión, manirrota*; hasta culminar en una impresionante serie asindética de sustantivos plurales, cuya acumulación exagerada constituye en sí misma una hipérbole y expresa eficazmente la exasperación que le causaba a don Saturno el estilo barroco: *Cartelas, medallas, hornacinas... capiteles, frontones rotos, guirnaldas, colgadizos, hojarasca, arabescos.* La amplificación que sufren los significados de esos sustantivos por virtud de la omisión de los artículos se intensifica mediante la enfática expresión *que pululáis,* y se extrema por el efecto de otra serie de sustantivos plurales, que a su vez funciona como una amplificación espacial: *por las decoraciones de puertas, ventanas, tragaluces y pechinas.* La imprecación final, dramática también y cómicamente desmesurada, confirma la intención hiperbólica de todo el pasaje.

A veces el efecto hiperbólico de la acumulación de sustantivos aparece reforzado por medios semánticos:

> El mundo entero... Veinte siglos de religión, millones de espíritus ciegos, ... Cientos de Papas, docenas de Concilios, miles de pueblos, millones de piedras de catedrales y cruces y conventos... toda la Historia, toda la civilización, un mundo de plomo, yacían sobre él, sobre sus brazos, sobre sus piernas, eran sus grilletes... (R, 512).

La gradación creciente de los términos hiperbólicos: *Veinte siglos, millones de espíritus, cientos de Papas, docenas de Concilios, miles de pueblos, millones de piedras;* reforzada por la insistencia exasperada de las construcciones anafóricas: *de religión, de espíritu, de Papas, de*

Concilios, de pueblos, de piedras, de catedrales y cruces y conventos, toda la Historia, toda la civilización queda enmarcada entre dos fórmulas integrativas casi idénticas, con las que se inicia y remata el pasaje: *El mundo entero; un mundo de plomo;* confirmando, además de la tendencia hiperbólica, la técnica de vaivén entre análisis y síntesis que prevalece en la estructura de la prosa clariana.

Esa misma intención exasperada y totalizadora, apoyada en recursos sintácticos similares pueden aparecer en pasajes de tono muy distinto, en los que las construcciones hiperbólicas trascienden su dramatismo para tornarlo en irónica burla o en sutil comicidad:

> Asi vivía Zurita, ... admitiendo todo lo bueno que sus muchos profesores le habían dicho de la antigüedad, del progreso, del pasado, del porvenir, de la Historia, de la Filosofía, de la fé, de la razón, de la poesía, de la crematística, de cuanto Dios crió (Sic), de cuanto inventaron los hombres (Z, 899) (26).

En la descripción de la despensa de los marqueses de Vegallana, la expresión hiperbólica, con todas sus implicaciones de crítica social, se apoya constantemente en enumeraciones de sustantivos disímiles, y la fuerza pictórica de esas acumulaciones es tal, que en su conjunto componen un exhuberante «bodegón» en el que rivalizan

(26) La ironía que contiene este pasaje se evidencia con la yuxtaposición de los términos antitéticos *fe-razón*; *poesía-crematística*, que proyecta en el estilo la naturaleza paradójica del humor clariniano. Véase Gramberg, págs. 195-201.

la abundancia, la forma y el color (27). La descripción comienza con una declaración rotunda, que se reitera mediante la enfática negación de su contraparte: «En la cocina de los Vegallana se reflejaba su positiva grandeza. No, no eran nobles tronados»: Y en seguida, esa afirmación se descompone en una serie de cualidades sustantivadas cuya enumeración se remata con una expresión hiperbólica, también rotunda: «abundancia, limpieza, desahogo, esmero, refinamiento en el arte culinario, todo esto y más se notaba desde el momento de entrar allí». El motivo de la abundancia como reflejo y prueba de la grandeza, así introducido, se desenvuelve y se enfatiza mediante acumulaciones de sustantivos plurales, muchas veces rematadas por expresiones exageradas, que funcionan como síntesis de lo excesivo.

> Liebres, conejos, perdices, arceas, salmones, truchas, capones, gallinas, acudían mal de su grado a la cocina del marqués, como convocados a nueva Arca de Noé en trance de diluvio universal. A todas horas, de día y de noche, en alguna parte de la provincia se estaban preparando las provisiones de la mesa de Vegallana; podía asegurarse.

....

(27) Empleamos en este trabajo los términos pictórico, plástico, musical o impresionista con el valor aproximado que es frecuente concederles en los estudios estilísticos y sin pretensión alguna de rigor científico. Para un criterio lingüístico estricto sobre las posibilidades pictóricas o impresionistas del lenguaje, véase Bühler, págs. 274-96 y Amado Alonso, "Porqué el lenguaje en sí mismo no puede ser impresionista", *El impresionismo*, págs. 211-28.

Allí cerca, en la despensa, gallinas, pichones, an-
guilas monstruosas, jamones monumentales, mor-
cillas blancas y morenas, chorizos purpurinos, en
aparente desorden yacían amontonados o pendían
de retorcidos ganchos de hierro, según su género.
Aquella despensa devoraba lo más exquisito de
la fauna y la flora comestibles de la provincia.
....

Peras amarillentas, otras de asar, casi rojas,
manzanas de oro y grana, montones de nueces, ave-
llanas y castañas daban alegría, variedad y armoniosa distribución de luz y sombra al conjunto,
suculento sin más que verlo, mientras al olfato
llegaban mezclados los olores punzantes de la quí-
mica culinaria y los aromas suaves y discretos de
naranjas y limones, manzanas y heno, que era el
blando lecho de la fruta.

Y todo aquello había sido movimiento, luz, vida, ruido, cantando en el bosque, volando por el
cielo azul, serpenteando por las frescas linfas, luciendo al sol destellos de todo el iris, al pender de
las ramas en vegas, prados, ríos, montes... «¡In-
dudablemente, Vegallana sabía ser un gran señor!»
(R, 123-24).

Además de expresar la desmesura y de sintetizar to-
talidades ordenadas en gradación de formas, colores, olores y acciones, el propósito artístico de esta descripción
es obviamente pictórico, y esa intención aparece bastante explícita. Para preparar su cuadro, el autor enmarca
las imágenes mediante expresiones que subrayan la identidad de los objetos y su localización en espacios concretos, y aun se preocupa de que sus colores contrasten:

Aquel salmón que pescara el colono del magnate a la luz de una hoguera portátil, era el mismo que ahora estaba sangrando, todo lonjas, esperando el momento de entregarse a la parrilla, sobre una mesa de pino, blanca y pulcra... y allí estaban las perdices, sobre la mesa de pino, ofreciendo el contraste de sus plumas pardas con el rojo y plata del salmón despedazado (R, 123).

La imágen del salmón aparece evocada en el pasado y bien determinada por la acción especificadora de un vigoroso determinante: *Aquel salmón que pescara*; y se contrapone a la idea de sus despojos: *todo lonjas,* que aparece en el presente: *era el mismo que ahora estaba... esperando el momento.* La vitalidad de las formas verbales *sangrando, esperando, entregarse,* y el dramático énfasis del participio calificador *despedazado* contribuyen a intensificar la imágen casi patética del salmón sacrificado, bien precisada en sus contornos por el contraste que ofrecen sus colores *rojo y plata* sobre el claro fondo de una *mesa de pino blanca y pulcra.* Las locuciones espaciales y *allí estaban, sobre, Allí cerca, en la despensa* encuadran los conjuntos de sustantivos de acuerdo a una artística composición que el autor explica más adelante: «*Los colores vivos* de la fruta mejor sazonada y de mayor tamaño animaban *el cuadro,* algo melancólico si hubiesen estado solos aquellos *tonos apagados* de la *Naturaleza muerta,* ya embutida, ya salada» (R, 124).

El vigor de las acumulaciones de sustantivos y su eficacia en cuanto al logro de una impresión hiperbólica se acentúa en esta descripción por todos los recursos amplificadores antes mencionados (omisión de los artículos, empleo de plurales, fórmulas de recapitulación o síntesis generalizadoras); pero además está subrayado por un vocabulario desmesurado: *diluvio universal, monstruosas, monumentales, amontonados, devoraba, lo más exquisito, suculento.* Y esa amplificación hiperbólica que predomina en todo el pasaje se desorbita en las últimas series de sustantivos y gerundios, cuyos amplios contenidos pretenden abarcar todos los atributos, elementos y acciones de *la fauna y la flora comestibles en la provincia*: *movimiento, luz, vida, ruido*; *cantando, volando, serpenteando, luciendo*; y todos los espacios por donde antes, llenos de vida, esos seres se movían: *en el bosque, por el cielo azul, por las frescas linfas, en vegas, prados, ríos, montes.* La referencia final a la grandeza y señorío de Vegallana alude al motivo temático inicial y cierra el fragmento dentro del marco de una unidad sintáctica y de pensamiento.

Otro ejemplo de hipérbole por acumulación de formas sustantivas, en el que además resalta un contraste irónico y extremista entre la vida y la muerte, es el siguiente:

En la cocina, en *quintana,* en el huerto, señales alegres del próximo festín; mucho hervor de pucheros, la gran olla en medio del hogar, como dirigiendo el concierto de bajos profundos de los respetables cacharros, cuyas tapas palpitaban a la lumbre; la cocinera de encargo, la especialista, Pepa *la Tuerta,* del color de un tizón arrogante, malhumorada, sin contestar a los saludos, activa y enérgica, dirigiendo a los improvisados marmito-

nes y a las maritornes de por vida; postrimeros
ayes de algún volátil, víctima propiciatoria, que
habría de estar guisado a la hora de la cena; espectáculo suculento, aunque trágico, de patos y gallinas sumidos en crueles calderos, asomando picos
y patas, como en son de protesta, entre las llamas,
o bien dignos, solemnes, en su silencio de muerte,
atravesados por instrumentos que recuerdan la ti-
ranía romana y la Inquisición; supimos sobre apa-
ratos de hierro que son símbolos del martirio, ca-
pones y perdices más tostados que otra cosa, que
parecen testigos de una fé que los hombres somos
incapaces de explicarnos; allá fuera restos de la
res descuartizada; las pieles de los conejos, el testuz del carnero, las escamas de los pescados, las
plumas de las aves, las conchas de los mariscos,
los desperdicios de las legumbres; y por todas partes, buen olor, un ruido de cucharas y vajillas que
es una esperanza del estómago; cristal que se lava, plata que se friega, platos que se limpian...
¡y todo por el muerto! Por el muerto, en quien no
piensa nadie sino como en una abstracción, como
se piensa en el santo el día de la fiesta (C, 773).

Los motivos de la abundancia y de la confrontación
entre lo vivo y lo muerto se repiten en este fragmento
con intenciones y recursos semejantes a los que se perciben en la descripción de la despensa de los Vegallana.
Pero el tono es bien distinto. La nota melancólica que
resuena en la comparación de la naturaleza viva con la
naturaleza muerta, y que depende de la identificación
de los seres en el tiempo (*Aquel... que pescara... es el
mismo que ahora*; *Y todo aquello había sido*); se torna
en ironía exacerbada ante la contraposición de los térmi-

nos antitéticos *festín-muerte,* en un espacio sin tiempo.

Considerado en su estructura, el fragmento está compuesto en su totalidad por una enumeración de formas nominales yuxtapuestas, sin más nexos verbales que los gerundios, colocados en posiciones incidentales: *dirigiendo, asomando, y unos pocos verbos en posiciones subordinadas o en función adjetiva, sin relieve alguno en cuanto* a la determinación del tiempo: *cuyas tapas palpitaban; que recuerdan; que son; que parecen; que se lava; que se friega; que se limpia.* Y ese carácter atemporal de la serie concede trascendencia a los contenidos temáticos. La noción espacial aparece amplificada por la repetición anafórica de una preposición de lugar, o subrayada por expresiones adverbiales que localizan los conjuntos sustantivos: *En la cocina, en «quintana», en el huerto; allá fuera; y por todas partes;* pero no corresponde a ningún lugar específico, y así, también contribuye a la trascendencia de los motivos ideológicos, válidos en cualquier tiempo y lugar. Los términos antagónicos *festín-muerto* funcionan como fórmulas integrativas que inician y cierran la enumeración. Y sus elementos conceptuales se desmiembran en series parciales que se alternan para contraponer las nociones de alegría y vitalidad: *señales alegres; mucho hervor de pucheros; gran olla; concierto... de cacharros; lumbre; cocinera; vida; espectáculo suculento;* a otras significativas de desintegración y de muerte: *postrimeros ayes; víctima; espectáculo... trágico; patos y gallinas sumidos en crueles calderos; picos y patas; llamas; silencio de muerte; martirio.* El motivo de la muerte se intensifica aún más con una impresionante enumeración de despojos inanimados, en la que el balance de las construcciones bimembres y el paralelismo de los conjuntos logra ordenar en un ritmo equilibrado una realidad en sí misma fragmentaria y caótica: *restos de ia res descuartizada; las pieles de los conejos, el testuz del carnero, las escamas de los pescados, las plumas de las aves, las conchas de los mariscos, los desperdicios de las legumbres* (28). Y de nuevo surgen, *por todas partes,* expresiones que evocan la excitante euforia del vivir: *buen olor; ruido de cucharas y vajillas; esperanza del estómago; cristal que se lava; plata que se friega; platos que se limpian.* Toda la escena se proyecta dessde una perspectiva animista, en la que los participantes del festín quedan postergados a un plano abstracto, ocultos tras de las formas impersonales de los verbos; mientras

---

(28) Spitzer encuentra en todo el arte barroco español un gusto por lo fragmentario, equilibrado por una fuerza central unificadora, y a ese fragmentarismo o tensión caótica, "sujeta a un orden", atribuye las enumeraciones asindéticas de Calderón (pág. 268). Y más adelante dice: "El gusto barroco español preludió, pues, ampliamente el desmenuzamiento de cosas y frases que encontramos luego en el siglo XIX; lo que, en cambio, no heredó el siglo XIX es el gusto opuesto por sujetar y unificar lo discorde: cuando el panteísmo se apodere del fragmentarismo, lo erigirá en principio dominante", (pág. 271).

De acuerdo a esas observaciones, y pese a la influencia que pudo tener el panteísmo en la estética de Alas, hay que convenir en que la estructura de sus enumeraciones se mantiene generalmente dentro del molde que Spitzer llama barroco, casi siempre sujeta a gradación y con frecuencia ordenada hasta el extremo del paralelismo.

que las cosas y los animales, se humanizan por virtud de sus acciones y sus atributos: *la gran olla... dirigiendo el concierto*; *respetables cacharros*; *cuyas tapas palpitaban*; *crueles calderos*; *patos y gallinas... dignos, solemnes*; *asomando picos y patas... en son de protesta.* Y la intencionada antítesis que fundamenta todo este alarde estilístico culmina en una violenta contraposición de los términos *muerto-fiesta,* clave temática del fragmento y de todo el cuento al cual corresponde.

Cuando la fórmula unificadora está ausente, la enumeración asindética de sustantivos diferentes puede lograr un efecto expresivo de confusión alucinante, provocado por la rápida sucesión de imágenes desconectadas entre sí:

> Como un fastasma ondulante, como un sueño (29), vió entre humo, sangre, piedras, tierra, colorines de uniformes, una figura que la miró a ella un instante con ojos de sublime espanto, de heroico terror... (DB, 749).

Las asociaciones mentales que provocan las palabras *fantasma, ondulante, ensueño, humo, espanto, terror,* y la incoherencia de los significados de los sustantivos que se yuxtaponen: *sangre, piedras, tierra, colorines, uniformes,* componen una escena onírica, que debe mucho a su valor expresivo a la enumeración caótica de sustantivos disímiles. Pero aunque los efectos de confusión no sean

---

(29) En *Obras selectas* se lee: "Como en un ensueño" lo que parece más apropiado al contexto.

tan intensos, ni puedan considerarse alucinantes, la enumeración de sustantivos heterogéneos evoca siempre una realidad desordenada y fragmentaria y puede tener implicaciones estilísticas diversas:

> Si se entusiasmaba hablando de sus marchitos laureles, abría las arcas, abría los armarios, y seda, galones y plumas, abalorios y cintajos en mezcla de colores chillones saltaban a la alfombra, y en aquel mar de recuerdos de trapo perdía la cabeza Quintanar (R, 329).

La absurda relación de objetos banales que, *en mezcla de colores chillones saltaban a la alfombra,* ya es por sí misma un tanto caótica, y el autor así lo confirma con un comentario explícito: *y en aquel mar de recuerdos de trapo perdía la cabeza Quintanar.* Pero además, por el efecto de sus significados, la serie contiene artísticas alusiones a la atolondrada, vana y también absurda personalidad de don Víctor Quintanar. La nota despectiva del sustantivo *cintajos* y la degradación de una palabra tan espiritual y abstracta como lo es *recuerdos* mediante un calificativo desvalorizador y concreto: *de trapo,* forma parte de un sutil procedimiento de irradiación oblicua de las palabras, presente siempre, como una atmósfera negativa, en los pasajes que se refieren a Quintanar.

La preferencia de Alas por las construcciones nominales se extrema en algunos casos hasta el punto de emplear largas series formando períodos en los que se suprime todo nexo verbal, las cualidades y las acciones se expresan con elementos sustantivos, y en conjunto, se logra sintetizar un ambiente:

> Blancas sobrepellices, manzanas en las mejillas, dentaduras formidables, risas homéricas, salud, espontaneidad, un hermoso egoísmo sin disfraz, comunicativo, simpático a los demás egoísmos (C, 773).

O dar consistencia a reflexiones abstractas:

> Mucho de intrigas, mucho de politiquilla, mucho de intereses materiales mal entendidos, y nada de filosofía, nada de elevar el pensamiento a las regiones del ideal (R, 338).

La enumeración de adjetivos, igualmente abundante que la de formas sustantivas, está más relacionada con las tendencias reiterativas y con la voluntad de ritmo que se observa en la prosa de Alas y su análisis se abordará en otro lugar. Pero cuando los significados de los adjetivos son diferentes, las series enumerativas tienen una función meramente descriptiva que conduce a la especificación y al detallismo más bien que a la intensificación de los atributos:

> Los ojos *azules, claros, sin expresión, muy abiertos,* de doña Paula alejaban la posibilidad de toda sospecha (R, 169).

> El magistral dejó atrás el zanguán, *grande, frio y desnudo, no muy limpio* (186).

Olvido era una joven *delgada, pálida, alta, de ojos pardos y orgullosos* (205);

era *más guapo, más sonrosado, más alegre y más gordo* (222).

de hermosa cabellera *castaña, fina y con bucles* (Suh, 557).

Las series descriptivas pueden contener algunas notas caracterizadoras:

... doña Agueda, algo *más gruesa, más joven y más bondadosa* que su hermana (R, 70).

Pero Berta, ... *blanca, gruesa, dulce, reposada de gestos, voz y andares* (DB, 725).

Su tristeza de niño *débil y nervioso, soñador y precoz* (S, 788).

A veces, en medio de una serie de adjetivos descriptivos diferentes, irrumpe un calificativo al parecer ilógico, que conlleva una intencionada carga de alusión temática:

los tapices discretos, la seda de los asientos, basteada, turgente, blanca y *muda* (R, 119).

Vió la cama «levantada», tiesa, *muda*, fresca sin un pliegue (179).

Cuando las series de adjetivos diferentes enumeran atributos abstractos, la acumulación de matices diversos parece conducir a la precisión conceptual. En estos casos, los adjetivos distintos superponen sus significados, enriqueciendo la noción del sustantivo al que califican:

> este templo es obra de arte *severo, puro sencillo, delicado* (R, 39).

> versos «a lo San Juan» ... *hechos de una pieza, sencillos, dulces, apasionados* (65).

> Lo que él quería era una afición *poderosa, viva, ardiente, eficaz* para vencer la ambición (270).

Pero a veces, las enumeraciones de adjetivos, lejos de precisar un concepto mediante la superposición de sus elementos, parecen más bien disgregarlo en una larga serie de nociones distintas, que revela un patético esfuerzo por expresar lo inefable:

> Un panteísmo vago, poético, bonachón, y romántico, o, mejor, un deísmo campestre a lo Rousseau, sentimental y optimista a la larga, aunque tristón y poco fosco; todo esto, mezclado, era lo que encontraba ahora Ana dentro de sí y lo que se empeñaba en que fuera todavía pura religión cristiana (R, 467).

La definición de los confusos y sutiles sentimientos religiosos de Ana aparece en este fragmento oscurecida por la excesiva matización calificadora, que amontona significados contradictorios: *panteísmo- deísmo*; *bonachón- fosco*; *optimista- tristón* y los sopesa, tratando de armonizarlos con expresiones indecisas: *o mejor*; *a la larga*; *aunque*; *un poco*, sin que la decena de adjetivos que pretende fijar el concepto alcance a brindar una noción clara y precisa de lo que Ana encontraba dentro de sí, *todo... mezclado*. Esa misma imprecisión, sin embargo, refleja eficazmente el estado anímico vacilante y contradictorio en que se yuxtaponen, sin arraigo, las inconsistentes nociones religiosas de la Ozores.

La descripción de la música como entidad trascendente es otro empeño tenaz que se frustra en acumulaciones de adjetivos inocuos, insuficientes para lograr tan ambiciosos designios (30).

---

(30) Las insistentes y aveces excesivas enumeraciones de Alas parecen muchas veces revelar una inconformidad con lo que se ha calificado de "insuficiencia esencial del lenguaje" y que García de Diego explica como una lucha agónica por la expresión: "El pensamiento excede al lenguaje... En esta batalla por la expresión, los más intentos son fracasos; mas el espíritu humano no desiste, porque sabe que las únicas alas para el pensamiento son el lenguaje. El místico y el poeta, el artista y el pensador, sienten como aspiración suprema el poder expresar lo inexpresable, el buscar formas a lo inefable. El ansia lingüística, como el ansia musical, quiere sobrepesar lo sensible y hasta lo intelectual. Es una pintura viva la que hace Fidelino de Figueredo en su libro *La lucha por la expresión* sobre estos conflictos de la mente y del lenguaje: 'El pensador es un alma agónica al hacer o querer hacer de las palabras, como signos abstractos, lo que el músico hace con la escala tónica, sus accidentes, sus claves y sus tonos'. "Opulencia y miseria del lenguaje", *Lecciones*, pág. 208.

aquel hablar sin palabras de la música *serena, graciosa, profunda, casta, seria, sencilla, noble* (Cdl. 27).

mientras su fantasía y su corazón seguían la corriente y el ritmo de aquella melodía *suave, noble, humilde, seria y sentimental en su pobreza* (Cdl, 28).

Aunque no tan frecuente como las enumeraciones de sustantivos y adjetivos, la acumulación de verbos es también un elemento importante en el procedimiento expresivo de Clarín. Cuando las series están compuestas por formas verbales infinitivas, tienen una función enumerativa semejante a la que se ha señalado a las series de sustantivos. Pero la nota activa que por su naturaleza distingue a las locuciones verbales, añade un matiz distinto a las enumeraciones:

Si nunca pudo sacudir de sí la prístina ignorancia, *en el andar y en el vestir*, y *hasta en el saludar*, fue consiguiendo paulatinos progresos (R, 98).

Se iba a las ferias *a jugar, a perder, a empeñarse...*, y a casa (Suh, 563).

pero se había acostumbrado a *verle padecer, languidecer, callar y llorar* en silencio (DS, 924).

En casi todas las series, la concentración de significados activos latentes en las formas infinitivas se refuerza con el ritmo insistente de las anáforas, subrayado por el valor fónico de las desinencias verbales infinitivas. Pero otras veces es el verbo mismo el que martillea destacando sus efectos mediante su posición anafórica:

> *Llegar* a lo mas alto era un triunfo voluptuoso para de Pas. *Ver* muchas leguas de tierra, *columbrar* a sus pies los pueblos como si fueran juguetes, *imaginarse* a los hombres como infusorios, *ver pasar* un águila o un milano... *mirar* las nubes desde arriba, eran intensos placeres de su espíritu altanero que de Pas se procuraba siempre que podía (R, 12).

> *Revolver* los cajones de la mesa, *sacar* papeles *leerlos*, *ponerse* colorada, *quedarse* pensastiva, *soltar* luego una carcajada, *guardar* todo aquello y *echar* a correr (DS, 925).

Algunas series constituyen desarrollos analíticos de una totalidad previamente enunciada, cuyo contenido amplifican y subrayan:

> un hombre que tenía la manía de la aclimatación, que todo lo quería armonizar, mezclar y confundir (R, 154).

> ¿Todo había de ser disimular, aborrecer, dominar, conquistar, engañar? (157).

La impaciencia de Ana ante las excentricidades de Frígiles y la irritación del magistral ante la sordidez de su vida aparecen sintetizadas en las expresiones *que todo lo quería* y *Todo había de ser*, cuyos elementos integrantes se acumulan en las exasperadas series asindéticas de acciones cognadas, en cada caso, a la idea central respectiva: *armonizar, mezclar, confundir; disimular, aborrecer, dominar, conquistar, engañar.*

A veces, los contenidos que predominan en los significados de los infinitivos acumulados son tan activos, que provocan impresiones muy dinámicas, pese a su indeterminación temporal:

> Era el jaco de pura raza española, y hacíale el jinete *piafar, caracolear, revolverse* con gran maestría de la mano y la espuela (R, 271).

> Y estaba dispuesto *a hablarle, a preguntarle, a aconsejarle..., a insinuarle* la venganza..., y no sabía como empezar (533).

> Su alegría, su afán de *jugar, saltar, levantarse* de noche en camisa para *dar* sustos a las criadas, *correr* por la casa y *volver* al calor del lecho, palpitante de emoción y voluptuosidad jaranera (Suh, 646).

Pero la modalidad más dinámica entre las series de formas verbales nominales es la que acumula gerundios en función de adverbios, que modifican y extienden con su acción durativa los efectos de otro verbo:

> «Somos ceniza», ha dicho por la mañana el cura, y... «ya lo sabemos», dice Rescoldo [es el nombre del pueblo] en masa por la noche, *brincando,*

bailando, gritando, bebiendo, comiendo golosinas, *amando* a hurtadillas, *tomando* a broma el dogma universal de la miseria y brevedad de la existencia Elent, 215) (31).

Todo el «elemento joven»... estaba allí, en el crucero de la catedral, *oyendo* como entre sueños el órgano, *dirigiendo* la colación de Nochebuena, *viendo* lucecillas, *sintiendo* entre temblores de la pereza pinchazos de la carne (R, 409).

Bonis se acercó al lecho a tientas, *estirando* el cuello, *abriendo* mucho los ojos y *pisando* de un modo particular (Suh, 606).

La enumeración de verbos en presente suele poner su nota atemporal y por lo mismo, actualizante en las manifestaciones de los personajes, vitalizando el estilo directo:

—Si *hacemos y acontecemos* en palacio (Doña Paula empezó a contar con los dedos); si nos *comemos* la diócesis; si *entramos* en provisorato desnudos y ahora *somos* los primeros accionistas del Banco; si tu *cobras* esto y lo otro; ... si *vendemos.* cera, si *vendemos* aras, ... si don Santos *se arruina*

---

(31) Obsérvese en esta serie como el procedimiento que predomina en las enumeraciones clarinianas responde casi siempre a una intención ordenadora. Los componentes activos de una fiesta popular, que es la idea central, todos alegres y todos sensuales, aparecen aquí agrupados en parejas de conceptos similares: *brincando-bailando*; *gritando-cantando*; *bebiendo-comiendo*.

por culpa nuestra y no del aguardiente; si *te comes*
capellanías; si *yo cobro* diezmos y primicias en toda la diócesiss; si... (R, 175).

Y en ocasiones también matiza una modalidad clariniana del estilo indirecto libre, que suele encerrar en comillas las reflexiones y monólogos interiores de sus personajes. La desesperación de Bonis ante las enfermedades
imaginarias de Emma, «cada día más irascible, exigente
y caprichosa», estalla en una exasperada serie polisindética de verbos cuyos significados ilógicos, subrayados
por aliteraciones y asonancias, añaden comicidad al exagerado conjunto:

> « ¡Ay! En vano *la retejo*, y *la unto*, y *la froto*, y
> *la pinto*; esta mujer mía hace agua por todas par-
> tes, y el viento de la ira entra en ella por mil agu-
> jeros (Suh, 599).

El cómico desenfreno que se advierte en esta serie es
bien evidente, pero además el autor lo subraya de manera explícita un poco más adelante: «Lo cierto es que
Bonis exageraba, lo mismo que en el lenguaje, en las
enfermedades de su mujer» (599).

En las enumeraciones de formas verbales narrativas
prevalece también el dinamismo, más notorio cuando
las acciones enumeradas son perfectivas y se acumulan
verbos en series asindéticas o en posición predominante
en series compuestas de frases breves:

Todo lo encontró mal; revolvió expedientes, descubrió abusos, sacudió polvo, amenazó con suspender sueldos, negó todo lo que pudo, preparó dos o tres castigos para varios párrocos de aldea, y por fin dijo... (R, 313).

Empleó la joven toda clase de resortes: pidió, suplicó, se puso de rodillas con las manos en cruz, lloró... Después exigió, amenazó, insultó; todo fue inútil (396).

En estos ejemplos se comprueba también la tendencia consistente en el procedimiento enumerativo de Clarín a proponer un concepto sintético: *Todo lo encontró mal; Empleó la joven toda clase de resortes*, descomponerlo en sus elementos: *revolvió, descubrió, sacudió, amenazó, negó, preparó; pidió, suplicó, se puso de rodillas, lloró, exigió, amenazó, insultó,* y por último resumirlo en una recapitulación final: *y por fin dijo; todo fue inútil.*

Otras veces, las enumeraciones son simplemente descriptivas de las acciones realizadas y su interés radica en el dinamismo que proporcionan a la narración:

Y el mismo esposo *estiró* el cuello... y *asomó* la cabeza. Lo *vió* todo. *Dió* un salto atrás (R, 459).

Llegó a casa, *abrió* con su llavín, *encendió* una luz, *subió* de puntillas y *entró* en las habitaciones de su mujer (Suh, 606).

Fue preciso fabricar el paño, hizo trampas para cazar animales; *despellejó, curtió, tundió* y se *vistió* de señorito (DS, 923).

A veces la enumeración de formas verbales perfectivas se traduce en tensión emocional, cuyo dramático *crescendo* alcanza un clímax y desciende en artística gradación:

> ... el magistral *no sonrió*, pero su mirada *fue* intensa; *duró* muy poco, pero *dijo* muchas cosas: *acusó, se quejó, inquirió, perdonó, agradeció...* Y *pasó* don Fermín. *Entró* en el coro, y se *fue* a su rincón (R, 414).

La adecuación de los efectos dinámicos a los contenidos emotivos y el juego antitético: *poco-muchas; acusó-perdonó;* se *quejó-agradeció* refuerzan la expresividad de este párrafo, provocando una vívida imágen en la que lo plástico y lo psicológico se conjugan para ofrecer una realidad integral.

Los valores estilísticos del imperfecto, tiempo verbal flexible y expresivo por excelencia, se acrecientan en la prosa de Clarín mediante series que acumulan contenidos preñados de efectos artísticos. La enumeración de verbos que implican acciones reiteradas, dinámicas o ruidosas, prolongadas en el tiempo por la acción durativa del imperfecto, puede alcanzar extraordinaria eficacia en la creación de ambientes:

Sus amigos... *interceptaban* la acera y *llegaban* hasta el arroyo divididos en grupos que *cuchicheaban, se mezclaban, se disolvían* (R, 399).

Gritaba la marquesa, *reía a carcajadas* Obdulia, *sonaba la voz gangosa* de una hija del barón..., y atrás *quedaba el ruido* del vals *que comenzaba* (424).

La lentitud que normalmente se supone a las acciones que prolonga la duración imprecisa del imperfecto se altera a veces por el efecto de la acumulación de acciones por su naturaleza momentáneas, provocando dinamismo:

Pero no podía. Las letras *saltaban, estallaban, se escondían, daban la vuelta..., cambiaban de color...,* y la cabeza *se iba...,* «Esperaría, esperaría» (R, 335).

En vano Emma *refunfuñaba, se quejaba, le increpaba* y con palabras crueles *le ofendía; no la oía* siquiera; *cumplía* su deber, y andando (Suh, 600).

Y el pobre Bonis *se frotaba* la frente y toda la cabeza con las manos, compadecido de aquel cerebro que *bullía,* que *crujía,* que *pedía* reposo, paz. (625).

Y *comenzaba* a sonar la maquinaria de aquella fábrica de conservar humana; *gruñía* el vapor, *saltaba* la chispa, *chisporroteaba* la lumbre, *chillaba* el aceite, *y era* el conjunto animado de tal orquesta un «ergo vivamus» (C, 769).

En estos ejemplos, el valor onomatopéyico de algunos miembros de las series, como *refunfuñaba*; *bullía, crujía, gruñía, chisporroteaba, chillaba,* contribuye con sus efectos evocadores a la animación de los conjuntos.

Aparte de convertir las acciones imperfectivas en acciones dinámicas, la exaltación de los significados puede comunicar a la serie extraordinaria intensidad:

> Primero, furioso, rabiando, *bufaba, saltaba, arañaba* y *mordía* puertas y paredes y el hierro de la reja (DB, 755).

> Ventura hacía prodigios de habilidad, de gracia, de elegancia; el violín *lloraba, gemía, blasfemaba, imprecaba, deprecaba...* (Ldc, 895).

Y en cambio, otras veces predomina el aspecto durativo de las acciones y la imprecisión temporal que caracteriza al imperfecto se traduce en lentitud:

> Después de esta observación y otras por el estilo, Petra *se paraba* a coger florecillas en los setos; *se pinchaba* los dedos, *se enganchaba* el vestido en las zarzas, *daba* gritos, *reía; iba tomando* cierta confianza al verse sola con su ama (R, 134).

> Los días que no iba de caza, el señor Crespo se los pasaba recorriendo sus «dominios»... *podaba, injertaba, plantaba* o *transplantaba,* según las estaciones y las circunstancias (302).

Callaba y *comía* y *bebía* (311).

Esa tendencia a la enumeración, que comunica a la prosa clariniana su intensidad y su riqueza, se complementa con un notable fenómeno reiterativo tan consistente, que su estudio requiere un epígrafe aparte.

Modalidades reiterativas.

El fenómeno reiterativo que predomina en el procedimiento artístico de Alas es amplio y complejo. Se trata de una insistencia, de una morosidad explicativa, de una matización de los conceptos, más bien que de una repetición en el sentido estricto de ese vocablo. Aunque la repetición también abunda en su estilo y cumple su misión expresiva, generalmente enfática o portadora de indicios temáticos, no es la única, ni tampoco es la más relevante de las modalidades reiterativas que enriquecen su prosa. Con mucha mayor frecuencia que repetir literalmente, Clarín reitera con una técnica en cierto modo semejante a la de los pintores. Insiste y reitera añadiendo matices de significación, como el pintor añade tonos a sus colores mediante trazos que los intensifican o diluyen. Pero esta observación de ningún modo excusaría el simplismo de calificar su estilo como pictórico, ni aún en el concepto más lato de esa palabra. Es cierto que a veces, como un aspecto de su técnica descriptiva, quiso pintar; y así se pudo apreciar en la descripción de la despensa de los marqueses de Vegallana, que el mismo denominó «cuadro». Pero lo que Alas de veras pretende no es tan solo reproducir formas externas, sino precisar contenidos. Abundan en su obra los aciertos expresivos que captan la línea, el color y los gestos, y es además muy evidente su preocupación por la forma y, lo que es más aún, su tendencia a la materialización de todo lo intangible. Pero es que para Clarín la forma, como manifestación artística, ha de ser trascendente, y el color, como la línea, encierran significados. Esa aspiración a la trascendencia de las formas es uno de los elementos que fundamentan su estilo y él mismo la explica muy claramente, en palabras de Ana Ozores:

> Notaba Ana que en aquella altura, en aquel escenario; ... se despertaba en ella el instinto del arte plástico y el sentido de la observación; reparaba en las siluetas de árboles, gallinas, patos, cerdos, y se fijaba en las líneas que pedían el lápiz, veía más matices en los colores, descubría grupos artísticos, combinaciones de composición sabia y armónica, y, en suma, se le revelaba la Naturaleza como poeta y pintor en todo lo que veía y oía, ... en los grupos de las nubes, en la melancolía de una mula cansada y cubierta de polvo, en la sombra de un árbol, en los reflejos de un charco, y, sobre todo, en el ritmo recóndito de los fenómenos, divisibles a lo infinito, sucediéndose, coincidiendo, formando la trama dramática del tiempo con una armonía superior a nuestras facultades perceptivas, que más se adivina que de ella da testimonio (R, 331).

Es bastante obvio que la motivación de este pasaje debe buscarse en el entusiasmo que alguna vez sintió el autor por la filosofía krausista, que le lleva a repetir a menudo que «todo es uno y lo mismo» y le hace percibir en el mismo plano las siluetas de los árboles y la melancolía de una mula cansada, pero el fragmento contiene inapreciables indicios que ayudan a precisar la estética de Alas y que iluminan los misterios de su estilo, siempre oscilante entre lo abstracto y lo concreto, entre lo metafísico y lo material, en un angustioso afán de fundir esas irreconciliables dimensiones.

Como una secuela de ese porfiado empeño, el procedimiento creativo de Alas consiste en una depuración de los significados, en un afán de refinamiento conceptual, que acumula palabras en busca de una forma precisa y exacta que le parece inasible por medio de la palabra escueta. La reiteración de matices conceptuales está en la estructura misma de su prosa y tan enraizada en su sistema expresivo, que puede encontrarse alguna de sus múltiples variantes en cualquier fragmento escogido al azar. La modalidad más simple y de resultados más obvios es la repetición de palabras que, por los efectos enfáticos inherentes a toda repetición, intensifica los contenidos expresivos (32). En el estilo indirecto libre y con el apoyo

---

(32) Empleamos la palabra reiteración con un concepto muy amplio, que incluye la repetición de elementos afines, de cualquier índole que éstos sean. Abarca, pues, la repetición, la sinonimia, con sus distintos grados, la cognación de significados y la repetición de "indicios" temáticos o de otros elementos portadores de expresión. Véase: Carlos Bousoño, *Teoría de la expresión poética* (Madrid: Gredos, 1962), págs. 133-37 y 222-32.

de los recursos sintácticos de la expresión oral, puede expresar la más viva exaltación:

> ¡Oh, pero estaba aún a tiempo! *Se sublevaba, se sublevaba; que lo supieran* sus tías difuntas; *que lo supiera* su marido; *que lo supiera* la hipócrita aristocracia del pueblo, los Vegallana, los Corujedo..., toda la clase, *se sublevaba...* (R, 273).

O puede resonar con la insistencia implacable de un rumor acusatorio:

> Aquel pobre don Santos había muerto como un perro *por culpa del provisor*; había renegado de la religión *por culpa del provisor*, había muerto de hambre y sin Sacramentos *por culpa del provisor*.
> —Y ahora los revolucionarios... aprovechaban la ocasión para hacer una de las suyas.
> —Y *por culpa del provisor*.
> ....
> Sin que se supiera como, llegó a ser un lugar común... que Barinaga había muerto como un perro *por culpa del magistral* (R, 403).

A veces parece tener el propósito de acentuar una atmósfera que la palabra repetida crea:

> En la nave, *el silencio* parecía reforzado por una oración mental de los espíritus del aire. Fuera, *silencio* dentro, *más silencio* todavía (R, 204).

O expresa la vehemencia de un anhelo:

Y ella *rezaba, rezaba, rezaba* para sacarle de aquel abismo, para traerle al regazo en que había aprendido a creer (Vr, 209).

¡Señor *sálvale, sálvale,* antes que desaparezca bajo la nieve en que le sepulto! (Vr, 209).

La repetición puede tener un propósito de cómico automatismo, que contribuye a caricaturizar a los personajes:

Y *suspiró* esta señorita de Ozores. *Suspiró* su hermana también (R, 70).

Y *suspiraba* Sebastián, y *suspiraban* los demás parientes, y *suspiraba* Emma también (Suh, 564).

Y en ocasiones, sirve para introducir un motivo, que se repetirá esporádicamente y con variaciones a través de la novela:

Había de ser *en el salón amarillo, en el célebre salón amarillo* (R, 70).

Mucho más frecuente y de resultados más sutiles es la modalidad reiterativa que reúne sustantivos, adjetivos o verbos en series aditivas de significados semejantes Cuando se trata de sustantivos, esa clase de enumeraciones funciona como una amplificación explicativa de un concepto que el autor insiste en precisar:

Ana quería *fuerzas, salud, colores, carne, hermosura* (R, 72).

sentía la congoja *de la soledad, de la frialdad* ambiente, *del abandono* sordo y mudo (73).

Aquella preocupación constante *del ruido, del tránsito, de los choques, de los atropellos* (DB, 746).

de esta atmósfera de *vida, robustez, apetito* y *sosiego* (C, 765).

Pero es en la enumeración de adjetivos similares donde mejor se advierte la función de estas series de palabras que se acumulan en una incesante búsqueda de la expresión exacta, capaz de generar una forma tangible que el autor no puede concretar en ninguna palabra, sino en una yuxtaposición de matices, muchas veces francamente tautológica:

Veía enfrente de sí la sotana *tersa, de pliegues escultóricos, rectos, simétricos,* una sotana de medio tiempo, de rico castor delgado (R, 11).

Los labios *largos* y *delgados, finos, pálidos* (11).

al magistral saludó a Celedonio... extendiendo hacia él la mano derecha *blanca, fina, de muy afilados dedos,* no menos cuidada que si fuera de aristocrática señora (12).

Aquellos hombres *buenos, bondadosos, dulces suaves, caballeros sin tacha* (DB, 728).

Los ejemplos que evidencian la preferencia de Clarín por estas series de atributos similares, levemente diferenciados por grados o matices calificadores, pudiera hacerse interminable y, en cada caso, la eficacia intensificadora del conjunto dependerá de la abundancia de elementos idénticos o cognados que se reiteran:

> El delantero, ordinariamente *bromista, alegre, revoltoso* (R, 8).

> Casi todas las calles de la Encimada eran estrechas, *tortuosas, húmedas,* sin sol (16).

> Vivía *triste* y *pobre,* pero *callado, tranquilo resignado* con su suerte (Suh, 558).

> Procuró estar *fuerte, terrible, implacable* (562).

> Berta seguía condenada a soledad absoluta para lo más *delicado, poético, fino* y *triste* de su alma (DB, 729).

En ocasiones, la insistencia reiterativa se evidencia aún más con un símil, que funciona como otro miembro de la serie y amplifica los contenidos calificadores que se desea intensificar:

> un verde *pálido, blanquecino, como de planta sombría* (R, 19).

> Era don Cayetano *un viejecillo de setenta y seis años, vivaracho, alegre, flaco, seco, de color de*

cuero viejo, arrugado como un pergamino al fuego (29) (33).

En tanto... don Víctor, *pálido, ojeroso, como si saliera de una orgía* (53).

para el alma de su hijo... *que iba creciendo lozana, sin mancha, purísima, lejos de todo mal contacto, como si fuera de materia de un culto que consistiese en cuidar a una azucena* (Els, 992).

La acumulación de adjetivos logra a veces efectos hiperbólicos, mediante la repetición anafórica de expresiones superlativas que subrayan el énfasis de la reiteración conceptual, a la vez que añaden al conjunto una nota rítmica y unificadora:

Las miradas *más ardientes, más negras* de aquellos ojos *negros, grandes, abrasadores* eran para de Pas (R, 26).

El mundo era de su hijo, porque él era *el de más talento, el más elocuente, el más sagaz, el más sabio, el más hermoso* (248).

Pero esos efectos hiperbólicos casi siempre se deben al vigor superlativo de las palabras que componen la serie y al hecho mismo de su acumulación:

---

(33) En esta serie, extraordinariamente expresiva, resaltan además notorias aliteraciones y asonancias que contribuyen a la vivacidad del conjunto.

Y Ana, con irresistible ímpetu de fe *ostensible, viva, material, fortísima,* se puso de rodillas sobre el lecho (R, 325) (34).

despertando en él... una lascivia *montaraz, desconocida, fuerte, invencible* (353).

En las enumeraciones de formas verbales suele aparecer también esa reiteración de matices casi idénticos, en cuya insistencia Clarín obviamente encuentra una satisfacción especial:

Reyes se dejó *compadecer, cuidar, mimar* (Suh, 580).

Este afán *de separarse de la corriente, de romper toda regla, de desafiar murmuraciones* y vencer imposibles *y provocar escándalos* (558-59).

Y que a veces alcanza un clímax que logra fundir los contenidos y las formas en un extraordinario acierto expresivo:

y él, que tenía sed de sangre, ansias de apretar el cuello del infame, de ahogarle entre sus brazos, seguro de poder hacerlo, seguro de vencerle, de pisarle, de patearle, de reducirle a cachos, a polvo, a viento (R, 512).

---

(34) Nótese como un rasgo muy clariniano, el uso del adjetivo *material* aplicado como un atributo intensificador a un concepto espiritual y abstracto, como lo es la fe.

Y al llegar aquí era cuando, furioso contra sí mismo, rasgaba aquellos papeles el magistral, airado, porque no sabía escribir de modo que insultara, que despedazara, sin insultar, sin matar, sin desdedazar con las palabras (530).

La impresionante carga de significados activos latentes que contienen estos verbos bajo sus formas estáticas y atemporales: *apretar, ahogarle, poder hacerlo, vencerle, pisarle, patearle, reducirle; insultar, matar, despedazar,* refleja muy claramente la dramática pugna entre los impulsos apasionados y tumultuosos que la traición de Ana desencadena en la mente del magistral y su imposibilidad de actuar: «él, atado por los pies como un trapo ignominioso». Expresiones nominales de fuertes contenidos emotivos, como *ansias, airado, furioso* aumentan esa concentración de significados activos comprimidos en formas estáticas, que transparentan el conflicto entre voluntad y actuación que aflige al magistral, cuya pasión se desborda en una patética serie de formas subjuntivas también atemporales, contradictorias y por su naturaleza cargadas de efectos emotivos de potencial actividad: *que insultara, que matara, que despedazara.* La intensidad creciente de los significados de los verbos y el desenfreno emocional que expresan los sustantivos *a cachos, a polvo, a viento,* subrayan los efectos expresivos de estas acumulaciones en las que los violentos contenidos de las palabras parecen estallar dentro de sus rígidas formas nominales.

En ocasiones, la reiteración funciona como un indicio que anticipa un motivo temático y lo hace resonar con variaciones. La ambición y la soberbia de don Fermín de Pas, elementos de su caracterización que Clarín destaca por medios explícitos y también por frecuentes implicaciones, aparecen artísticamente insinuadas mediante referencias reiteradas a su intenso deseo de *subir a las alturas, a las cumbres de los montes,* a los *campanarios de las iglesias,* a la *montaña más alta,* a la *más soberbia torre*; y a la satisfacción que le causa ver todo lo creado, y muy especialmente a los vetustenses, *debajo de sus ojos, desde arriba, allá abajo* y *a sus pies* (35).

Otra modalidad bien distinta, pero igualmente reiterativa es la que superpone diversas variantes conceptuales que glosan una idea central:

> Cerca de la ciudad, en los ruedos, el cultivo más intenso, de mejor abono, de mucha variedad y esmerado, producía en la tierra tonos de colores sin nombre exacto, dibujándose sobre el fondo pardo oscuro de la tierra constantemente removida y bien regada (R, 9 y 10).

La intensidad del cultivo, idea básica del período, aparece primero enunciada: *el cultivo más intenso;* y en seguida se reitera por implicación y por desarrollo de sus elementos conceptuales: *de mejor abono; de mucha variedad y esmerado; tierra... constantemente removida y bien regada.* La intención pictórica propiamente dicha,

---

(35) Un detallado comentario sobre estas alusiones a la ambición del magistral, a las que califica de "espléndido matiz estilístico" puede verse en Brent, págs. 90-91.

que pretende materializar el concepto de la intensidad del cultivo convirtiéndolo en líneas y matices de color sobre un fondo neutro, también está presente en este fragmento, confirmando la simbiosis que integra los elementos artísticos en el procedimiento creativo de Clarín: *tonos de colores sin nombre exacto, dibujándose sobre el fondo pardo oscuro de la tierra.*

Ese tipo de reiteración intensificadora de una idea o imágen central mediante el desarrollo de sus elementos, suele apoyarse en la amplificación gradual de las unidades sintácticas incidentales, y su detallada elaboración puede lograr extraordinarios efectos expresivos, tanto pictóricos como alusivos a los contenidos temáticos. El concepto o imágen que se intenta desarrollar aparece resumido de antemano en sus aspectos esenciales mediante una corta oración aseverativa, que funciona como una clave y que contiene y sintetiza los elementos de lo que se desea expresar. Después la sintaxis se va amplificando mediante claúsulas gradualmente más largas, que desarrollan y reiteran los conceptos claves, como si se tratara de motivos musicales que se repiten en variaciones concatenadas. Y el cuadro sintáctico generalmente termina con una claúsula corta, como la primera, pero no sintética sinó más o menos explicativa, que resume las ideas claves y cierra el conjunto armónicamente, a manera de un elaborado acorde final.

La descripción de la ciudad de Vetusta (Oviedo), con que se inicia *La Regenta*, responde a esa estructuración sintáctica de gradación reiterativa, que logra un efecto pictórico como de un cuadro plástico animado, encerrado en un marco sintáctico artísticamente delimitado, a la vez que contiene indicios o alusiones temáticas:

La heroica ciudad dormía la siesta. El viento Sur, caliente y perezoso, empujaba las nubes blanquecinas, que se rasgaban al correr hacia el Norte. En las calles no había más ruido que el rumor estridente de los remolinos de polvo, trapos, pajas y papeles que iban de arroyo en arroyo, de acera en acera, de esquina en esquina revolando y persiguiéndose, como mariposas que se buscan y huyen y que el aire envuelve en sus pliegues invisibles. Cual turbas de pilluelos, aquellas migajas de la basura, aquellas sobras de todo se juntaban en un montón, parábanse como dormidas un momento y brincaban de nuevo sobresaltadas, dispersándose trepando unas por las paredes hasta los cristales temblorosos de los faroles, otras hasta los carteles de papel mal pegados a las esquinas, y había pluma que llegaba a un tercer piso, y arenilla que se incrustaba para días o para años en la vidriera de un escaparate, agarrada a un plomo. Vetusta, la muy noble y leal ciudad, corte en lejano siglo, hacía la digestión del cocido y de la olla podrida, y descansaba oyendo entre sueños el monótono y familiar sumbido de la campana del coro, que retumbaba allá en lo alto de la esbelta torre en la Santa Basílica (7).

El procedimiento descriptivo es deliberadamente lento, a tono con la sosegada nota que sirve de clave a la escena: *La heróica ciudad dormía la siesta*. Son seis palabras enunciativas en las cuales se encierra el objeto del cuadro: *la ciudad*, y los dos antagónicos aspectos que la personifican: *heróica-dormía la siesta*. En la segunda cláusula, tres veces más larga (18 palabras), se introduce la idea del calor, cognada de la noción de la pereza que a su vez amplifica el motivo clave de la escena, que es *la siesta*: «El viento sur, *caliente y perezoso*, empujaba las nubes blanquecinas, que se rasgaban al correr hacia el Norte». La sensación de lentitud se logra en esta cláusula mediante el balance de los términos adjetivales, y se refuerza con el trabajoso concepto que encierra el verbo *empujaba*, pesado y lento por su significado y prolongado por su acción imperfectiva. Una tercera cláusula, tres veces más larga que la segunda (53 palabras), introduce las ideas de silencio, suciedad y abandono, cognadas también a la abúlica y somnolienta actitud que se desprende de la frase clave *dormía la siesta*: «En las calles *no había más ruido* que el rumor estridente de los remolinos de *polvo, trapos, pajas y papeles* que iban de arroyo en arroyo, de acera en acera, de esquina en esquina revolando y persiguiéndose, como mariposas que se buscan y huyen y que el aire envuelve en sus pliegues invisibles». El estudio detenido de esta tercera cláusula la muestra como un clímax dentro del cuadro de sosiego y sopor que se desea plasmar. La noción del silencio aparece amplificada por contraste y se expresa lentamente, mediante una elaborada paráfrasis cuya paradójica adjetivación sorprende como un contrasentido: *No había más ruido que el rumor estridente de los remolinos*. A la reiteración conceptual implicada en las palabras *ruido-rumor-estridente* se añade los efectos onomatopéyicos de la aliteración de la *r*, que subrayan con su resonancia la imágen auditiva contrapuesta al silencio. La impresión de prolongada duración se intensifica también por medio de una larga serie de sustantivos cognados a la noción de suciedad: *polvo, trapos, pajas* y *papeles,* y esa monótona reiteración de significados afines se refuerza aun más con el martilleo de una fuerte aliteración de la *p,* que irradia por toda la serie, reforzando por medios fónicos el efecto general de espesa suciedad que se desea destacar. El uso del tiempo verbal imperfecto; *no había, iban;* y la insistencia en el empleo de construcciones paralelísticas bimembres: *de arroyo en arroyo, de acera en acera, de esquina en esquina, revolando y persiguiéndose, se buscan y huyen,* propenden a la impresión de tiempo lento y de sosegado balance que amplifica y reitera, por medios estilísticos, el sentido general de la frase *dormía la siesta.*

La cuarta cláusula, cuya extensión va preparando la gradación regresiva que conviene a la estructura del período descriptivo (81 palabras), es una amplificación redundante de los motivos que se introdujeron en la cláusula anterior. El interés estilístico de este fragmento, cuya longitud equivale a la de los tres anteriores, parece estar muy expresamente relacionado con el balance estructural de la escena, pero su exagerado detallismo logra también extraordinarios efectos pictóricos a la vez que corrobora la preferencia clariniana por el juego sintáctico basado en enunciación, desarrollo y recapitulación de los conceptos. En la citada cláusula se amplifica por desarrollo minucioso de sus componentes la imagen del remolino. La noción de suciedad que aparecía descompuesta en los cuatro elementos similares: *polvo, trapos, pajas y papeles* se reitera y sintetiza mediante expresiones que implican pluralidades: *turbas, migajas de basura, sobras de todo, se juntaban en un montón*; para luego dispersarse de nuevo en partículas animadas por una extraordinaria vivificación que depende de la reiteración de los verbos y de los calificativos verbales: *se juntaban, parábanse, brincaban dispersándose, trepando, llegaba, se incrustaba, dormidas, sobresaltadas, agarrada.*

La cláusula siguiente, cuyo inicio cierra y enmarca el cuadro descriptivo, contiene por extenso los motivos introducidos en el esquema inicial. El irónico contraste que provocan los dos opuestos términos de la oración clave, queda explicado por la también irónica reiteración, que desarrolla en once palabras el concentrado sentido de las tres primeras: *La heróica ciudad.* La referencia al pasado que contiene el complemento circunstancial *en lejano siglo* normaliza el sentido general de la oración primera (*heróica-en lejano siglo*), aclarando su aparente contradicción. El procedimiento reiterativo consiste aquí en bifurcar cada concepto: *Vetusta-ciudad; noble y leal*; y en enriquecer las imágenes conceptuales de la unidad sintáctica inicial con otras similares: *heróica-corte.* El segundo término de dicha unidad: *dormía la siesta* se intensifica en forma y contenido en el resto del párrafo. La idea de la siesta se reitera en las expresiones *hacía la digestión, descansaba, entre sueños*; y en las palabras cognadas *monótono* y *zumbido.* La expresión *del cocido y de la olla podrida,* que constituye una flagrante repetición de conceptos, rúbrica con una nota de recargada vulgaridad y de grosero materialismo la actitud somnolienta y perezosa de la ciudad amodorrada por el abandono y la desidia; y destaca el contraste que ofrece con su glorioso pasado: *heróica, muy noble y leal, corte en lejano siglo.* El cuadro descriptivo termina con la introducción de dos motivos nuevos, que servirán de inicio al desarrollo del período siguiente en una sucesiva gradación sintáctica siempre basada en un constante juego de reiteración amplificatoria y enlace. *La campana del coro y la esbelta torre, en la Santa Basílica,* que Clarín evoca «allá en lo alto», como un mirador que se eleva predominante sobre la calurosa, sucia y vulgar ciudad adormecida, son las imágenes claves de los cuadros descriptivos siguientes, que se desarrollan de manera semejante en una progresión sintáctica reiterativa que expone detalladamente una unidad de contenido.

Esa reiteración explicativa de los conceptos, aparte de su función descriptiva detallista, puede lograr efectos de precisión mediante la gradación comparativa de los diferentes matices de un concepto. En esos casos, la técnica consiste no solo en desarrollar los elementos de lo que se quiere describir amplificando sus componentes, sino en sopesar comparativamente expresiones casi sinónimas:

La torre de la catedral, poema romántico de piedra, delicado himno de dulces líneas de belleza muda y perenne, era obra del siglo XVI, aunque antes comenzada, de estilo gótico, pero, cabe decir, moderado por un instinto de prudencia y armonía que modificaba las vulgares exageraciones de esta arquitectura. La vista no se fatigaba contemplando horas y horas aquel índice de piedra que señalaba al cielo; no era una de esas torres cuya aguja se quiebra de sutil, más flacas que esbeltas, amaneradas como señoritas cursis que aprietan demasiodo el corsé; era maciza, sin perder nada de su espiritual grandeza, y hasta sus segundos corredores, elegante balaustrada, subía como fuerte castillo, lanzándose desde allí en pirámide de ángulo gracioso, inimitable en sus medidas y proporciones (R, 7).

La noción exacta que calificaría con propiedad las dimensiones de la torre de la catedral rebasa los límites del vocabulario disponible, puesto que ya el autor ha dicho que la torre es *poema romántico, delicado himno, de dulces líneas de belleza muda y perenne*; y más adelante hablará de «la inefable elegancia de su perfil y la denominará «romántica mole» y «fantasma gigante». Pero la precisión del calificativo exacto para tan inmaterial sujeto se busca por un procedimiento eliminatorio: *no era una de esas*, apoyado por la reiteración de imágenes cognadas que constituyen anticipos o aproximaciones del refinado ajuste semántico que el autor se propone: *índice de piedra, aguja que se quiebra de sutil*. La distinción entre los significados calificativos *flacas y esbeltas* se hace cuantitativa y estricta mediante la fórmula comparativa *más... que*. La noción así evocada resulta intermedia y, eficazmente subrayada por el pictórico símil *como señoritas cursis que aprietan demasiado el corsé*, constituye por vía negativa otra aproximación, que culmina en la declaración final: *era maciza inimitable en sus medidas y proporciones.*

A veces la precisión conceptual se busca mediante la simple yuxtaposición de palabras semejantes que parecen reiterar sus elementos comunes, pero que en realidad se rectifican mutuamente:

> mas, ¡oh gloria inmortal!, ¡oh momento inolvidable!, al lado de Mochi, frente a la cáscara del apuntador, había una mujer, una señora, con capote de terciopelo, debajo de la cual asomaban olas de cabello castaño y fino; y aquella mujer, aquella señora que había notado el saludo de Reyes .... En el palco todos envidiaron aquello... y más envidiaron la sonrisa con que la dama de la capota se atrevió a acompañar el saludo de Mochi, muy satisfecha, al parecer, de haberle advertido su distracción. (Suh, 576).

La insistente distinción entre los sustantivos *mujer* y *señora,* aparentemente similares, contiene en este caso una fina nota de ironía y una sutil intención caracterizadora. La ingenua y reverente admiración de Bonifacio Reyes hacia la gente de teatro, profusamente explicada en párrafos anteriores como una consecuencia de su provincianismo, se expresa estilísticamente con la economía de medios que implica esa vacilación semántica *mujer-señora,* gradación conceptual que confronta dos matices de categoría dentro de lo femenino, y que culmina en la expresión aun más reverente *la dama* (36).

---

(36) Aparte de contribuir a la caracterización de Bonis, ese

Otra modalidad interesante que se destaca en el procedimiento reiterativo de Clarín es la repetición de frases de estructura distinta, pero de significados idénticos, que aluden a ciertos rasgos asociados de manera consistente a la presencia de un personaje. Como un aspecto de su técnica descriptiva, esa repetición favorece la percepción de las imágenes, intensificando las presencias, y como un elemento artístico, tiene el insinuante y extraño atractivo que es inherente a todo «leit-motiv». El procedimiento consiste en separar uno o más rasgos que forman parte de la descripción minuciosa que el autor siempre hace del personaje, y convertirlos en presencias vivas mediante su reiteración constante, siempre asociada a las sucesivas apariciones del personaje en cuestión (37). Así, en la imagen física que Clarín nos ofrece de don Fermín de Pas, resaltan siempre como detalles vívidos y predominantes,

---

juego semántico revela también, con su ironía, la perspectiva del autor, a tono con los prejuicios de la época, en cuanto a la posición social de la gente de teatro. Y ese matiz de opinión se transparente más adelante en palabras de Emma: "Siendo Bonis tan majadero, y no disponiendo de un cuarto, ¿cómo le habría querido... aquella *señorona*, quiere decirse, *aquella pájara tan señorona*, que *parecía una reina*?" (649).

(37) Aunque más elaborada y referida a la presencia física de los personajes y no a su manera de hablar, esta técnica en cierto modo equivale a la de la "muletilla" empleada por Galdós, y que ya antes había utilizado Charles Dickens. Véase: Vernon A. Chamberlin, "The 'Muletilla': an Important Facet of Galdos' Characterization Technique", *HR*, 29 (1961), 296-309. Y Earl R. Davis, "Dickens and the Evolution of Caricature", *OMLA*, 55 (1940), 231-240.

el brillo agudo de su mirada y la carnosidad de sus párpados. Ambos rasgos se complementan y forman parte
integrante de la concepción artística del personaje, como
exponentes externos de un necesario equilibrio entre violencia y discreción. El autor los presenta primero com-
binados en una elaborada y explícita descripción:

> En los ojos del magistral, verdes, con pintas
> que parecían polvo de rapé, lo más notable era la
> suavidad de liquen; pero en ocasiones, de en me-
> dio de aquella crasitud pegajosa, salía un resplan-
> dor punzante, que era una sorpresa desagradable,
> como una aguja en una almohada de plumas. Aque-
> lla mirada la resistían pocos; a unos les daba mie-
> do, a otros asco; pero cuando algún audaz la su-
> fría, el magistral la humillaba cubriéndola con el
> telón carnoso de unos párpados anchos, gruesos
> insignificantes, como es siempre la carne informe
> (R, 11).

Y más tarde las separa en dos series reiterativas que
combinan y alternan alusiones diversas, como si se tratara de variaciones de un motivo central. La serie que
se refiere a la expresión fugaz y penetrante que delata
las reacciones violentas del personaje se inicia con una
metáfora: *salía un resplandor punzante,* acentuada por
un símil que la materializa: *como una aguja.* Y esa transposición *mirada-aguja* sigue una trayectoria firme a través de sucesivas alusiones:

> El magistral miró al beneficiado sin sonreir,
> pinchándole *con aquellas agujas* que tenía entre
> la blanca crasitud de los ojos (20).

—Eso no, madre— gritó el magistral perdiendo el aplomo, con las mejillas cárdenas y *las puntas de acero*, que tenía en las pupilas, erizadas como dispuestas a la defensa (176).

Entonces, sólo entonces se descomponía un poco; ... se arrugaba su frente, se erizaban *las puntas de acero* que tenía en los ojos... Pero ¡ay!, esto era perderse... y de **Pas** *doblaba las puntas de acero*... (194).

Y entonces los ojos apagados del elegante Mesía brillaron al clavarse en el magistral, que sintió el choque de la mirada y la resistió con la suya, erizando *las puntas* que tenía en las pupilas entre tanta blandura (226).

Y con los ojos, al decir esto, se lo comía, y le insultaba llamándole con *las agujas* de las pupilas idiota, Juan Lanas y cosas peores (479).

Entonces crujió con fuerza el cajón sombrío, y brotó de su centro una figura negra, larga, Ana vió a la luz de la lámpara un rostro pálido, unos ojos que *pinchaban*, como fuego, atónitos (554).

En el conjunto de las citas, puede apreciarse la consistencia del trabajo de arte, que hace resonar el motivo a través de las páginas de la novela con la persistencia de un tema sinfónico. El brillo de la mirada aparece sustantivado en las formas concretas que subrayamos en los textos, y aun se personifica mediante formas verbales de acción que también se reiteran: *pinchándole*; *erizadas*;

como dispuestas a la defensa; se erizaban; erizando; llamándole... idiota; que pinchaban. Y del mismo modo, la serie que representa el control y el disimulo que el magistral impone a los impulsos agresivos que revela su mirada, se inicia con la descripción de los párpados, que el artistsa concibe como una *crasitud pegajosa,* y materializa también en una forma concreta: *cubriéndola con el telón carnoso.* Y esa transposición *párpados-telón carnoso* se desarrolla en alusiones concatenadas que sirven de contrapunto:

> No le había visto los ojos. No le había visto más que los *párpados cargados de carne blanca.*
> Debajo de las pestañas asomaba un brillo singular (R, 41).

> Si Ana, asustada, otra vez buscaba amparo en los ojos del magistral, huyendo de los otros, no encontraba más que *el telón de carne blanca* que los cubría, aquellos párpados insignificantes, que ni discreción expresaban siquiera al caer con la casta oportunidad de ordenanza (216).

Esa elaboración artística de frases que aluden a un rasgo peculiar y que, en virtud de su reiteración, identifican al personaje con tanta eficacia como su nombre propio, es un elemento básico en la caracterización de Visita, la ruidosa y pintoresca dama de manos pegajosas y carcajada eterna, en cuyos empeños frívolos puede percibirse cierto patetismo. De su retrato, que la muestra «alta, delgada, rubia, graciosa, pero no tanto como pensaba ella», Clarín escoge «sus ojos pequeñuelos que cerraba entornándolos hasta hacerlos invisibles» y que «tenían cierta malicia, pero no el encanto voluptuoso, por lo picante, que ella suponía» (R, 122). Y luego reitera ese detalle a través de toda la novela y en páginas distantes entre sí, tantas veces como aparece el personaje en acción:

Visitación tenía brasas en las mejillas, sus ojos pequeños los había hermoseado el calor de la cocina y la animación de la broma, arrancándole reflejos de fingida pasión (128).

Las chispas de los ojos de la jamona saltaron como las de un brasero aventado (129).

Las chispas que saltaban de los ojos de Visita... (130).

y clava en el mancebo los ojos risueños arrugaditos, que Visitación cree que echan chispas (143).

En aquel momento entró Visitación en el gabinete echando fuego por los ojos y mejillas (210).

Ni siquiera Visitación le había hecho caso en su vida; jamás le había mirado con los ojillos arrugados con que ella creía encantar (223).

La aventura, ridícula y todo, la había rejuvenecido, había encendido chispas en sus ojuelos (376).

La del Banco echaba fuego por los ojos y mejillas (423).

El efecto plástico y psicológico de esa insistencia se ordena y alterna en dos series de alusiones paralelas, que reiteran el rasgo físico: *ojos pequeñuelos; ojos pequeños; ojos... arrugaditos; ojillos arrugados; ojuelos; Las chispas de los ojos; echaba fuego por los ojos;* o comentan, con sutil ironía, su doble perspectiva: *que tenía cierta malicia, pero no el encanto... que ella suponía; arrancándole reflejos de fingida pasión; que Visitación cree que echan chispas; con que ella creía encantar.* Las frecuentes alusiones a su alocada risa y al vicio de comer golosinas que denunciaban sus manos pringosas, reiteradas con esa misma técnica, completan la vívida estampa de esta ambivalente dama, que no era tan atractiva como ella se imaginaba ni tan aturdida como quería parecer (38).

A veces la imagen que se reitera aparece distorsionada por la expresión hiperbólica, que subraya el rasgo hasta el punto de convertirlo en caricatura:

Tenía la boca muy grande, y al sonreir, con el propósito de agradar, *los labios iban de oreja a oreja* (R, 22).

—No, señor; ¡qué ahumado!— respondió el sabio, *sonriendo de oreja a oreja* (25).

Don Saturnino Bermúdez, pálido y ojeroso, con *una sonrisa cortés que le llegaba de oreja a oreja* (209).

---

(38) Véanse págs. 129-22; 127, 131, 212 y 319.

el marqués discutía con Bermúdez, que inclinaba la cabeza a la derecha, *abría la boca hasta las orejas sonriendo* y, con la mayor cortesía del mundo ponía en duda las afirmaciones del magnate (215).

Yo no soy sentimental —decía ella a don Saturnino Bermúdez, que la oía con la cabeza torcida y la sonrisa estirada con clavijas de oreja a oreja (307).

En ocasiones, la evocación de una criatura se materializa con insistentes alusiones a las impresiones sensoriales que su presencia provoca:

Aquel día había recibido antes de comer *un billete perfumado de su amiguita Obdulia Fandiño de Pomares* (R, 24).

En cierta ocasión ella había dejado caer el pañuelo, *un pañuelo que olía como aquella carta* (24).

Pronto las carcajadas de Obdulia Fandiño, frescas, perladas... llenaron el ambiente profanado ya con *el olor mundano de que había infestado la sacristía en el momento de entrar. Era el olor del billete, el olor del pañuelo, el olor de Obdulia* con que el sabio soñaba algunas veces (23).

Aquel olor a Obdulia que ya nadie notaba, sentíalo aún don Cayetano (31).

La historia de Obdulia Fandiño profanó el recinto de la sacristía, como poco antes lo profanaron su risa, su traje, *sus perfumes* (33).

Pero la viuda..., procuraba marearle *con sus perfumes,* con sus miradas (222).

En otros casos, la reiteración de un rasgo predominante se hace en función de un objeto o cosa cuya imagen viene a ser tan inseparable del personaje que logra sustituirlo, resultando un verdadero proceso de cosificación de los seres animados:

¿Cómo se llama usted? —preguntó el catedrático que usaba *anteojos de cristal ahumado...* (Z, 898).

¿No sabe usted como se llama? —gritó el catedrático, buscando al estudiante tímido con *aquel par de agujeros negros que tenía en el rostro* (898).

No había acabado de decir su chiste el profesor de *las gafas...* (899).

Lo que él sentía más era tener que juzgar de modo poco favorable a una eminencia como aquella *de los anteojos* (900).

Cuando el catedrático *de los anteojos* le preguntó si era hijo de Peleo... (904).

Zurita no volvió a la cátedra del señor *de los anteojos ahumados* (904).

La imagen de los *anteojos de cristal ahumado* aparece primero explícita e independiente, como un aditamento *que usaba* el profesor; en la segunda alusión, se convierte en un atributo de su persona: *aquel par de agujeros negros que tenía en el rostro*; y en las sucesivas referencias, viene a ser una cualidad sustantiva, a la cual se asimila la entidad del profesor, disminuida por la fórmula anónima *el... de las gafas; aquella de los anteojos; el... de los anteojos; el... de los anteojos ahumados*. La vaguedad inherente a las denominaciones genéricas: *catedrático, profesor, señor,* y la ausencia de otros datos descriptivos que iluminen la figura humana del profesor contribuyen, por vía de omisión, a destacar al rasgo que lo cosifica y caricaturiza.

Con esa técnica, el autor puede estereotipar a una criatura y, en ocasiones, también caracterizarla, mediante la concentración de efectos alusivos que suele contener el objeto reiterado. Un rasgo de esa índole es, por ejemplo, la ajustada falda de Obdulia, siempre de raso y de colores brillantes:

> *La falda* del vestido no tenía nada de particular mientras la dama no se movía; *era negra, de raso* (R, 26).

> *La falda de raso,* que no tenía nada de particular mientras no la movían, *era lo más subversivo del traje* en cuanto la viuda echaba a andar. *Ajustábase* de tal modo *al cuerpo,* que lo que era falda parecía apretado calzón *ciñendo esculturales formas,* que así mostradas, no convenían a la santidad del lugar (27).

El taconeo irrespetuoso de las botas imperiales, color bronce, que enseñaba Obdulia *debajo de la falda corta y ajustada;* (28).

—En honor a la verdad —observó Mesía—, la viuda está apetitosa en tales circunstancias. Yo la he visto... con su gran mandil blanco, *su falda bajera ceñida al cuerpo* (107).

Un movimiento brusco de la dama, que traía *falda corta, recogida y apretada al cuerpo* con las cintas del delantal blanco (126).

sobre *la falda de color cereza* de la siempre llamativa Obdulia Fandiño... (208).

En el otro extremo, en la barquilla opuesta... ostentaba *los llamativos colores de su falda* y su exhuberante persona Obdulia Fandiño (227).

La imagen de *la falda,* detallada mediante las insistentes alusiones a su textura, forma y color *negra, de raso; de raso; parecía apretado calzón; corta y ajustada; ceñida; corta, recogida y apretada; de color cereza; los llamativos colores de su falda,* se anima con los movimientos del cuerpo que la realza, *no tenía nada de particular mientras la dama no se movía; mientras no la movían; en cuanto la viuda echaba a andar; Un movimiento brusco de la dama,* y al que a su vez subraya *ciñendo esculturales formas.* Una adjetivación enfática a veces apoyada en expresiones superlativas: *lo más subversivo; la siempre llamativa; exhuberante;* y las alusiones con-

tenidas en los significados de las formas verbales cognadas: *así mostradas*; *que enseñaba*; *ostentaba*, complementan con eficacia el vívido retrato estilístico que caracteriza y además presenta, de manera casi tangible, a la
descocada dama.

La reiteración en los estratos sonoros:
esquemas fónicos y rítmicos.

La frecuente repetición de esquemas fónicos bien definidos que se advierte en la prosa de Clarín es un fenómeno melódico que rebasa los aspectos expresivos del
estilo y que más bien parece responder a una voluntad
genérica de armonía estructural. No es fácil ni tampoco
importa mucho determinar si se trata de un resultado
mecánico de las enumeraciones de categorías gramaticales afines o de un recurso artístico más o menos intencionado, que subraya con sus resonancias otros efectos
expresivos. Lo que interesa señalar es que sus manifestaciones, sean derivadas o autónomas, son consistentes y
que a menudo resultan también muy funcionales. Se ha
señalado ya, de manera ocasional, el valor estilístico de
algunas aliteraciones, asonancias y reiteraciones onomatopéyicas que resaltan en las series de sustantivos, adjetivos y verbos examinadas antes, y que, en la mayor
parte de los casos, parecen responder a la repetición de
nexos y de sufijos gramaticales. Pero son numerosos los
ejemplos en que la reiteración de elementos fónicos apa

rece artísticamente asociada a los significados, en un claro proceso de intensificación (39).

La evocación que algunas aliteraciones logran puede tener un carácter conceptual, y entonces la repetición de los sonidos más relevantes de un vocablo funciona como una irradiación del significado de la palabra misma:

> La *R*evolución había de*rri*bado, había *r*obado; pero la *R*estauración, que no podía *r*estituir; alentaba el espíritu que *r*eedificaba (R, 16).

> muchos borrachos se arrojaban sobre ella como sobre una *p*resa; pero *P*aula los recibía a *p*uñadas, a *p*atadas, a *p*alos (253).

> Es de *n*otar que B*o*nifacio... era un so*ñ*ador, un so*ñ*ador so*ñ*oliento (Suh, 559).

Otras veces, los efectos de las aliteraciones pretenden ser onomatopéyicos, y tienden simplemente a evocar resonancias:

> y, a lo lejos, se oía el anti*pá*tico es*trépi*to del dominó, que habían des*t*errado de su sala los venerables (R, 95).

---

(39) Acerca de la "sustancia" significativa de los sonidos, gracias a la cual se explica "la muy importante, aunque a menudo ignorada función evocativa del lenguaje fónico", véase: Eugenio Coseriu, "Forma y sustancia en los sonidos del lenguaje", *Teoría*, págs. 115-234, especialmente 204-5.

El agua de las fuentes *monumentales murmu*-
raba a lo lejos con *melancólica monotonía* e*n m*e-
dio del sile*ncio*... (239).

en los labios finos, *s*uaves, lleno*s* de *s*ilbante*s s*o-
nido*s* del pulquérrimo canónigo (327).

En aquel momento, hacia el Oriente, sonaron
es*trepi*tosos e*s*tallidos de cohe*t*es cargados de di-
nami*t*a (474) (40).

En algunos casos, la aliteración parece ser un recurso
más o menos consciente, que el autor mismo diríase que
trata de explicar:

El timbre dulzón, «nasal» podría decirse, monótono y manso del melancólico instrumento, que
olía a aceite de almendras como la cabeza del músico, estaba en armonía con el carácter de Bonifacio Reyes (Suh, 559).

Pero en otras ocasiones, los efectos de la repetición
de sonidos son muy sutiles y solo es posible señalar su
evidencia y su artística identificación con un ambiente o
situación determinada:

y la dama y el clérigo se vieron solos en el salón
sombrío (R, 316).

---

(40) Citado por Eduardo M. Torner, *Ensayos sobre estilística
literaria española* (Oxford, 1953), pág. 123.

teñida el alma de la dulce serenidad soñadora de la solemne y seria Naturaleza (AC, 813).

También muy evidente, aunque quizás menos funcional, es la tendencia clariniana a subrayar la melodía de su prosa con insistentes asonancias, que a menudo provocan una marcada rima interior (41):

La cabeza, pequeña ... de espeso cabello negro muy recortado (R, 12).

Entró en el cenador, cubierto de espesa enredadera perenne (63).

... el cariño suave, frío, prosáico, distraído de Quintanar (296).

... la colerilla sorda, cobarde, bonachona en el fondo (328).

Pero en la soledad completa, la dama sorda cantaba sin oírse, oyéndose por dentro (CB, 730).

Pero mucho más relevante en el aspecto artístico y también más definida como característica estructural de la prosa de Alas es la repetición de esquemas sintácticos

---

(41) Véase el comentario de M. Torner sobre el predominio de aes y de íes como característico del tono lírico que él advierte en la prosa de los escritores asturianos y gallegos (Clarín, Palacio Valdés, Pérez de Ayala y Valle Inclán), cuyo colorido vocal dice haber analizado en las dos mil primeras palabras de diez obras tomadas al azar, con un resultado similar. Torner, pág. 91 y sgts.

ordenados en forma de construcciones binarias, ternarias o multimembres en los que, aparte de los efectos intensificadores o de matización expresiva que a sus significados correspondan, prevalece una exigente voluntad de ritmo (42).

Las construcciones binarias, tan abundantes que constituyen un acusado rasgo (43), presentan muchas variantes, y en todas ellas predomina el equilibrado balance de sus miembros, que parece ser la cualidad artística que las determina. La manifestación más simple de esa tenaz insistencia en la bifurcación de las formas, muchas veces ajena a la dimensión conceptual de las palabras, es la que agrupa en parejas los sustantivos, los adjetivos, y con menos frecuencia, los verbos.

---

(42) La aspiración de Alas a la simetría dual como manifestación de armonía se transparenta vivamente en un curioso comentario que, pese a su comicidad e ironía, constituye un verdadero y quizás involuntario postulado de estética: "Una lágrima... rodó por el rastro de la señora de la casa. Mas estético y más simétrico hubiera sido que las lágrimas fueran dos; pero no fué más que una; la del otro ojo debió de brotar tan pequeña, que la sequedad de aquellos párpados, siempre enjuntos, la tragó antes de que asomara (R, 185). La frustración que denota el subjuntivo *más... hubiera sido*, subrayada por la expresión adversativa *pero no fue más que*, delata por medios estilísticos el profundo y serio contenido de esa observación, al parecer burlesca.

(43) Según Dámaso Alonso, "la concepción y expresión de pluralidades, en cada época, es un fenómeno unido a la más honda entraña manante de la expresión literaria, un fenómeno de la más profunda intencionalidad". Y de acuerdo a ese criterio, hace la siguiente clasificación: "Pluralidades renacentistas (dualidades en el Quijote); pluralidades para ordenar un mundo en frenesí

Los sustantivos pueden agruparse en dípticos de contenidos diferentes y en esos casos, aunque la selección de palabras de acentuación prosódica semejante atestigua la voluntad de ritmo, predomina la función significativa:

    hondonadas y laderas (R, 9) – – ˙– – / – – ˙– –
    sobre prados y maizales (9) – – ˙– – / – – ˙– –
    sierra y valle (9) ˙– – / ˙– –

O pueden ser de contenidos muy similares, y entonces prevalece la intención rítmica:

    calidades y privilegios (R, 8) – – ˙– – / – – ˙– –
    bofetadas y puntapiés (10) – – ˙– – / – – ˙– –
    sacerdotes y beatas (10) – – ˙– – / – – ˙– –

En muchos casos, los términos de los dípticos de sustantivos son antitéticos, pero siempre resultan balanceados por los efectos de su acentuación y de su composición silábica:

    su falda y su cumbre (9) – ˙– – / – ˙– –

(en el barroquismo del siglo XVII); pluralidades que una intención impresionista selecciona para crear, profundizar ambientes (en la prosa hacia 1900). *Seis Calas*, págs. 41 y sgts. En el caso de Clarín, la intención que provoca las pluralidades parece estar en medio de las dos últimas calificaciones, porque aunque sin duda esas enumeraciones en muchos casos logran crear ambientes, no puede ignorarse la voluntad de ritmo y de orden que prevalece en todas ellas.

Aún los adjetivos descriptivos diferentes pueden apaιecer agrupados por razones de ritmo:

pequeña y negruzca (R, 8) $- \doteq - \,/\, - \doteq -$

asada y podrida (8) $- \doteq - \,/\, - \doteq -$

puntiaguda y levantisca (12) $- - \doteq - \,/\, - - \doteq -$

Pero en los de contenidos reiterativos, la función de balance se hace más evidente:

lúbrica y cínica (R. 10) $\doteq - - - \,/\, \doteq - - -$

acompasados y ondulantes $- - - \doteq - \,/\, - - \doteq -$

En los dípticos de verbos, igualmente formados por razones estructurales, la reiteración de significados resulta aun más sorprendente y, en ciertos contextos, parece superflua:

conocía y trataba (R. 10) $- - \doteq - \,/\, - - \doteq -$

usando y abusando (10) $- \doteq - \,/\, - \doteq -$

sentía y pensaba (11) $- \doteq - \,/\, - \doteq -$

La relación de ejemplos que muestran la preferencia de Alas por las construcciones bimembres pudiera hacerse interminable, y así desglosados los ejemplos resultan monótonos, por lo que parece menos tedioso y más ilustrativo, en cuanto al valor rítmico de esas construcciones y a su frecuencia, observarlas en algun fragmento seleccionado al azar:

Desde la torre se veían, en algunos patios y jardines de casas viejas y ruinosas, restos de la antigua muralla, convertidos en terrados o en paredes medianeras, entre huertos y corrales. La Encimada era el barrio noble y el barrio pobre de Vetusta. Los más linajudos y los más andrajosos vivían allí, cerca unos de otros, aquellos a sus anchas, los otros apiñados (R, 15).

La identidad de los patrones rítmicos que sirven de base a las construcciones binarias que contiene este fragmento acrecienta el equilibrio dual de todo el conjunto, que se cierra además con los bien medidos hemistiquios de un perfecto alejandrino:

```
patios y jardines    ᐧ — — — ᐧ —
viejas y ruinosas    ᐧ — — — ᐧ —
huertos y corrales   ᐧ — — — ᐧ —
cerca unos de otros    ᐧ — — — ᐧ —
```

el barrio noble y el barrio pobre
```
— ᐧ — ᐧ — / — ᐧ — ᐧ —
```

Los más linajudos y los más andrajosos
```
— ᐧ — — ᐧ — / — ᐧ — — ᐧ —
```

aquellos a sus anchas, los otros apiñados
```
— ᐧ — — — ᐧ — / — ᐧ — — ᐧ —
```

A veces esa construcción dual afecta a la totalidad de un fragmento, cuyos miembros se reiteran con una intención rítmica muy evidente:

> Al bajar de la torre y pasar por el trascoro
> las había visto, las había conocido
> eran la Regenta y Visitación (R, 36).

— — ∴ — — — ∴ — / — — ∴ — — — — ∴ —
— — ∴ — — — / — — ∴ — — — — ∴ —
∴ — — — — ∴ — / — — — — — ∴ —

Otras formas sintácticas bimembres se ordenan en conjuntos que subrayan con su perfecto paralelismo el equilibrio dual de sus estructuras:

> con faroles de papel y vasos de colores (R, 8)
> del feo tolerable al feo asqueroso (10)
> al más robusto andarín, al más experto montañés (12)
> aquella vida sin alicientes, negra en lo pasado, negra en lo porvenir (63).
> con una sonrisa en el alma y una plácida pereza en el cuerpo (73).

En algunas construcciones, la bifurcación de las formas engendra dos miembros casi idénticos:

> Aquel mismo don Alvaro,   que tenía fama
> de atreverse a todo   y conseguirlo todo,
> la quería,   la adoraba,
> sin duda alguna,   estaba segura. (R, 52).

Pero sería insuficiente atribuir la redundancia de ese pasaje únicamente a la intención rítmica, porque estudiada en los contextos, la reiteración en la prosa clariniana muestra siempre sus raíces en más hondas intuiciones expresivas. Y esas morosas reflexiones corresponden artísticamente al ritmo lento de la novela y se ajustan a la íntima necesidad de la Ozores de ser repetitiva consigo misma, en su incesante búsqueda de justificaciones.

Más retórica, y sin embargo, también muy ajustada a la personalidad del que la emplea (el pedante doctor Somoza), es la siguiente serie de expresiones adversativas, ordenadas en un conjunto de miembros rigurosamente paralelos:

necesita calor,   y no lo tiene;
luz,   y allí le falta;
aire puro,   y allí se respira la peste;
ejercicio,   y allí no se mueve;
distracciones,   y allí no las hay;
buen alimento,   y allí se come mal y poco.

A veces los conjuntos paralelos se combinan en forma de quiasmos, que acentúan las estructuras duales:

El continente altivo del monaguillo se había convertido en humilde actitud (R, 10).

El continente — —   — —altivo
humilde   — — — — — —actitud
de esmerada labor y piel muy fina (11)
de esmerada —   — labor
     — y —

piel   —   — muy fina

y cuanto más guapo, más esclavo quería al mísero escribiente de don Diego, más humillado cuanto más airoso en su humillación (Suh, 568).

cuanto más guapo —	— más esclavo
más humillado —	— cuanto más airoso

La correspondencia entre los distintos miembros de esas construcciones duales, en cada caso, es bien clara, y su impecable ritmo binario se impone al oído sin mayor esfuerzo. Pero las combinaciones binarias paralelísticas suelen aparecer también enriquecidas con mayor número de miembros correlativos, y matizadas por expresivas reiteraciones o por antítesis y gradaciones que las hacen más complejas:

> ¡Calle usted, señora! yo no soy digno de que la majestad de su secreto entre en mi pobre morada; yo soy un hombre que ha aprendido a decir cuatro palabras de consuelo a los pecadores débiles, y cuatro palabras de terror a los pobres de espíritu fanatizados; yo soy de miel con los que vienen a morder el cebo y de hiel con los que han mordido; el señuelo es de azúcar; el alimento que doy a mis prisioneros, de acíbar... yo soy un ambicioso, y lo que es peor, mil veces peor, infinitamente peor, yo soy avariento, yo guardo riquezas mal adquiridas, sí, mal adquiridas; yo soy un déspota en vez de un pastor; yo vendo la gracia, yo comercio como un judío con la Religión [sic] del que arrojó del templo a los mercaderes...; yo soy un miserable, señora; yo no soy digno de ser su confidente, su director espiritual (R, 178).

La estructura y el ritmo exterior de este fragmento corresponde muy claramente a su contenido temático. La dramática autoconfesión del magistral, que en su conjunto parodia la insistencia del *yo* y las rítmicas letanías de una bien conocida plegaria cristiana, comienza con una declaración solemne y contrita, que a su vez glosa casi literalmente unas sencillas palabras que el dogma católico impone a sus fieles pronunciar en el acto mismo de recibir la comunión: *Yo no soy digno de que la majestad de su secreto entre en mi pobre morada* (44). La contraposición que se plantea entre los términos de la oración complementaria inicia el ritmo binario con un movimiento acompasado y lento que se ajusta a la gravedad de su contenido, y que depende del equilibrio de esos miembros y de la uniformidad de los acentos *de que la majestad de su secreto / entre en mi pobre morada.* Las sucesivas bimembraciones, ordenadas en forma de conjuntos paralelos *de consuelo-de terror / a los pecadores - a los pobres de espíritu / débiles-fanatizados; de miel-de hiel / con los que vienen a morder el cebo-con los que han mordido,* se apoyan en la reiteración anafórica que las dramatiza *yo soy; yo soy,* y reciben el impacto despectivo de la minimización que también se reitera *cuatro palabras; cuatro palabras.* Las contraposiciones de formas y conceptos paralelos *el señuelo-el alimento / de azúcar-de acíbar* mantienen el balance dual que prevalece en la primera parte del fragmento como una cla-

---

(44) Véase en cualquier manual de doctrina católica el texto del acto de contrición que comienza: "Yo pecador me confieso..." y las palabras rituales: "Señor, yo no soy digno de que entréis en mi pobre morada...". En cuanto a la insistencia clariniana en parodiar los motivos religiosos, véase Frances Weber, "Ideology and religious parody in the novels of Leopoldo Alas".

ra proyección del ritmo interior de un pensamiento que mide. sopesa y reflexiona. Pero esa tensión rítmica, que mantiene el equilibrio de los períodos, se desborda después en una patética serie de oraciones que abandonan el ritmo binario y se atropellan en un *crescendo,* subrayado por el angustioso martilleo del *yo,* que se repite ocho veces en el resto del fragmento. La reiteración y *lo que es peor, mil veces peor, infinitamente peor,* refleja en su expresiva gradación ascendente un desesperado clímax de arrepentimiento, que copia el ritmo de ciertas palabras, también climáticas, de la plegaria aludida (por mi cúlpa, por mi cúlpa, por mi grandísima cúlpa), para seguir después con el ritmo de letanía de las enumeraciones: *yo soy avariento, yo guardo riquezas mal adquiridas.* En dos ocasiones, ambas aseverativas, el ritmo dual predomina sobre el de gradación ascendente, poniendo una nota de equilibrio, aunque por vía negativa, en el agitado conjunto: *vo soy un déspota / en véz de un pastór; de ser su confidénte / su directór espiritúal.*

Otra manifestación rítmica que se destaca en la prosa clariniana como una preferencia bien definida es la enumeración triple que, como en el caso de las construcciones binarias, presenta muchas variantes, según la categoría lingüística o la estructura sintáctica que se reitere. En la mayor parte de los casos, aparte de los efectos expresivos que las reiteraciones pueden lograr y que se han comentado antes, las triadas de sustantivos, adjetivos o verbos parecen obedecer a una necesidad rítmica, tanto coco a la intención más o menos explicativa o matizadora ya estudiada:

No era pintura, ni el color de la salud, ni pregonero del alcohól (R, 11).

Quintanar manejaba el floréte, la espada española, la daga (52).

pero cataráta, cascáda, torbellíno, todo lo éra con su cuénta y razón (121).

mientras Emma proseguía en sus laméntos, grítos y protéstas (Suh, 673).

La intención rítmica de la enumeración triple se evidencia aún más en las triadas de adjetivos, por la naturaleza misma de la función adjetival, menos esencial que la de otras formas gramaticales, y por la abundancia de

series triples compuestas de adjetivos similares, muchas veces de significación casi tautológica (45):

_____

(45) Julio Casares ha señalado la frecuencia de la adjetivación triple en la prosa de Valle Inclán y sus probables antecedentes en la de Eça de Queiros: *Crítica Profana* (Buenos Aires: Austral, 1944), págs. 48-62. Y posteriormente se ha estudiado la función rítmica de esas estructuras triples: Amado Alonso, "Estructura de las sonatas de Valle Inclán", *Materia y forma en la poesía*, págs. 287-90; Alonso Zamora Vicente, *Las sonatas de Valle Inclán* (Madrid: Gredos, 1966), págs. 177-84. Sin ánimo de precisar su mayor o menos influencia como un antecedente de ese rasgo específico, conviene aclarar que la triple adjetivación, como un aspecto parcial de la enumeración triple, es una constante estructural y una preferencia muy definida de la prosa clariniana.

Humilló los suyos sus ojos don Custodio, y pasó cabizbajo, confuso, aturdido en dirección al coro (R, 20).

La verdad es que don Fermín es muy buen mozo, y si las beatas se enamoran de él viéndole gallardo, púlcro, elegánte... (34).

Y que perdonase don Víctor Quintanar, incapaz de ser escéptico, frío y prosáico por fuera, romántico y dulzón por dentro (112).

Pero aun en los trípticos compuestos de adjetivos bien diferenciados, la función mecánica de ritmo o balance estructural aparece muy clara, y es tan determinante como la intención expresiva detallista o matizadora:

hundiendo los pies desnúdos, pequeños y rollízos en la espesúra de las manchas párdas (R, 43) (46).

Salía del encierro pensatíva, altanéra, callada (57).

---

(46) La tendencia melódica que prevalece en la prosa de Alas cristaliza a veces en metricismos, probablemente involuntarios, como el endecasílabo que resalta en este ejemplo: *en la espesura de las manchas pardas*. El autor, en alguna ocasión, se ironiza a sí mismo sobre este aspecto, en palabras que atribuye a un pensonaje convencional: "(dispense usted si se me escapan muchos versos en medio de la prosa; es una costumbre que me ha quedado de cuando yo dedicaba suspirillos germánicos a la mosca de mis sueños)". Y en el mismo cuento, conscientemente o no, deja escapar otro endecasílabo perfecto: *verde y dorado era su cuerpo hermoso* (Lms, 934-933).

En la iglesia fría, oscúra, solitária, ocupó un rincón que ya tenía por suyo (CB, 747).

Resbalaron cláras, solitárias, solémnes por sus enjutas mejillas (749).

La triple enumeración de verbos es menos frecuente, pero su función dentro de los períodos, cuando se trata de formas nominales, puede ser igualmente rítmica:

por nada de eso, ni aun por algo más, con tal que no sea mucho, debes *asustarte*, ni *escandalizarte*, ni *darte por ofendida* (R, 77).

miraba con desprecio y repugnancia, y hasta ira, todo lo que se refiriese a *respetar*, *consagrar* y *propagar* el amor (Suh, 614).

Y, quieras que no quieras, Bonis tuvo que *oir*, y *ver* y *palpar* (702).

Las construcciones triples; lo mismo que las duales, aparecen también ordenadas en series correlativas de miembros paralelos:

En tales días el Provisor era un huracán eclesiástico, un castigo bíblico, un azote de Dios sancionado por Su Ilustrísima (R, 14).

satisfecho de sí mismo, contento con la vida, feliz en este mundo calumniado (23).

el objeto de la murmuración variaba poco; los comentarios, menos, y las frases de efecto nada (103).

Las vetustenses le parecían más guapas, más elegantes, más seductoras que otros días: y en los hombres veía aire distinguido, ademanes resueltos, corte romántico; con la imaginación iba juntando por parejas a hombres y mujeres según pasaban, y ya se le antojaba que vivía en una ciudad donde criadas, costureras y señoritas amaban y eran amadas por molineros, obreros, estudiantes y militares de la reserva (144).

En algunos casos, las construcciones triples forman parte del desarrollo dual de estructuras antitéticas, que matizan con sus contrastes el armonioso equilibrio del conjunto:

Sin saber por qué, le había desanimado la mirada plácida, franca, tranquila de poco antes, y sin mayor fundamento, la de ahora, tímida, rápida, miedosa, le pareció una esperanza más: la sumisión de Ana, el triunfo (142).

La correlación en este fragmento afecta a todos los miembros de su estructura, que se reiteran o contraponen con un ritmo de vaivén muy en consonancia con la ambigüedad de las inestables relaciones que prevalecen entre don Alvaro y Ana:

Sin saber por qué	sin mayor fundamento
le había desanimado	le pareció una esperanza más
la de poco antes [mirada]	la de ahora
plácida	tímida
franca	rápida
tranquila	miedosa
la sumisión de Ana	el triunfo

Esa voluntad de orden, y sus consecuentes exigencias rítmicas, tan arraigadas en la sensibilidad artística de Alas, suele culminar en elaboradas estructuras paralelísticas multimembres:

> Pero él, ¡con qué deleite hubiera saboreado el primer silbido del tordo, el arrullo voluptuoso de las tórtolas, el monótono ritmo de la codorniz, el chas, chas cacofónico, dulce al cazador, de la perdiz huraña! (R, 51).

> Debajo del gorro blanco flotaban graciosos y abundantes rizos negros, una boca fresca y alegre sonreía, unos ojos muy grandes y habladores hacían gestos, unos brazos robustos y bien torneados, blancos y macizos, rematados por manos de múneca, mostraban... (113).

> Pues bien: se había enamorado de él, le había provocado con todas las palabras de miel, con todos los suspiros de fuego, con todas las miradas de gancho, con todas las posturas de lazo, con todos los contactos de liga..., y la mosca, la salamandra, el pez, el bruto, el ave no había sucumbido (Z, 910).

A los efectos expresivos de creación de ambiente, intensificación de efectos pictóricos, o hiperbólica comicidad que respectivamente se percibe en estos ejemplos se superpone, como una cualidad predominante, el equilibrio estructural de las construcciones sintácticas, que provoca en el oído del lector esa espectativa rítmica pocas veces defraudada que caracteriza la prosa clariniana en sus estratos sonoros, y que depende, en términos generales, de la acompasada resonancia de sus pluralidades.

CAPITULO III

LA EXPRESIVIDAD Y EL LENGUAJE FIGURADO: SIMILES Y METAFORAS

La naturaleza de la metáfora

Desde el punto de vista lingüístico, la metáfora se concibe como «un modo peculiar de superposición e interpenetración de las esferas significativas» (Bühler, pág. 505), y su noción está enraizada en los fundamentos mismos del lenguaje (1). Aunque los teóricos suelen diferir acerca del origen de esa necesidad inmanente en el fenómeno lingüístico que hace brotar los giros del lenguaje

---

(1) Con palabras de Hermann Paul nos explica Bühler lo que él llama el fenómeno histórico-lingüístico de la metáfora: "La metáfora es uno de los medios más importantes para la creación de denominaciones de complejos de representaciones para los que todavía no existen denominaciones adecuadas. Pero su aplicación no se limita a los casos en que se da tal necesidad externa. También donde se dispone de una denominación ya existente, un impulso interior incita a preferir una expresión metafórica. La metáfora es precisamente algo que fluye necesariamente de la naturaleza humana y se impone no sólo en la lengua poética, sino sobre todo también en el lenguaje coloquial popular, que tiende siempre al grafismo y a la caracterización pintoresca" (pág. 506).

figurado (2), generalmente coinciden en señalar la omnipresencia de la metáfora como elemento idiomático (3) y, lo que es más importante a nuestros fines, convienen en precisar su naturaleza afectiva (4). La idea de que el lenguaje figurado surge como un impulso expresivo que bus-

---

(2) Para una reseña y una refutación de la conocida hipótesis del tabú, con la que Héinz Werner pretendió explicar el origen de la metáfora lingüística, véase Bühler, págs. 515-522. Según Snell, ya en el lenguaje primitivo la metáfora era una posibilidad para designar lo no perceptible por los sentidos y suplía al abstracto, aún no desarrollado (págs. 153-154). En esa misma orientación, puntualiza Bühler el criterio de Paul, que después respalda: "En resumen: La metáfora es, según Paul, un recurso por *falta de expresión*, cuando el vocabulario falla, y un medio de *caracterización pintoresca*. El creador lingüístico no hace nada más... que ver lo característico y servirse de la ley fundamental de la llamada asociación por semejanza" (págs. 507-509).

(3) "That metaphor is the omnipresent principle of language can be shown by mere observation. We cannot get through three sentences of ordinary fluid discourse without it... Even in the rigid language of the settled sciences we do not eliminate or prevent it without great difficulty. In the semitechnicalised subjects, in aesthetics, politics, sociology, ethics, psychology, theory of language and so on, our constant chief difficulty is to discover how we are using it and how our supposedly fixed words are shifting their senses. In philosophy, above all, we can take no step safely without an unrelaxing awareness of the metaphors we, and our audience, may be employing; and though we may pretend to eschew them, we can attempt to do so only by detecting them. And this is more true, the more severe and abstract the philosophy is". I. A. Richards, *The philosophy of Rhetoric* (New York: Oxford University Press, 1965), pág. 92.

(4) "La gran masa de un idioma es metafórica, y la metáfora

ca dar forma a los contenidos abstractos, coloca el estudio de las transposiciones metafóricas bajo una nueva luz, y lo sitúa de lleno en el campo de la estilística (5). Y entonces pierden su importancia las precisiones de la cuidadosa y aún vigente clasificación de los tropos que hizo la antigua retórica (6), y no parece muy necesario tampoco subrayar demasiado los límites entre la metáfora lingüística y la metáfora estética (7), puesto que todo ello se funde en el concepto moderno de la expresividad del lenguaje. Desde ese punto de vista, el estudio del lenguaje oblicuo o metafórico y de las transposiciones, símiles y metáforas que emplea un artista ha de superar los abun-

---

la produce, en su mayor parte, la afectividad... Aunque sean obvios los reparos a los compartimentos y cronologías de la metáfora en la obra de Werner, para nuestra tesis es igual: unas metáforas las ha producido el miedo a enunciar las realidades del tabú, y otras el regodeo de una creación estética o el desenfado humorístico, ya que el temor, el placer estético y el humor son las tres facultades afectivas". García de Diego, pág. 30.

(5) Apoyándose en una observación de Bally, concluye Cressot: "'La plus grande imperfection dont soufre notre esprit, est l'incapacité d'abstraire absolûment, c'est-à-dire de dégager un concept, de concevoir une idée en dehors de tout contact avec la réalité concrète' (Ch. Bally). C'est de cette faiblesse qu'est né l'emploi, comme procédé expressif, de la comparaison et de la métaphore". Marcel Cressot, *Le Style et ses techniques* (París: Presses Universitaires, 1947), pág. 51.

(6) Véase Lausberg, págs. 57-93.

(7) La delimitación de estos dos conceptos es por demás imprecisa, y los autores discrepan: "Hemos de distinguir entre la metáfora como 'principio omnipresente en el lenguaje' (Richards), y la metáfora específicamente poética. George Campbell adjudica

dantes esquemas parciales que se han construído en torno a estos temas, y con una visión más amplia, al par que un propósito más definido y específico, aprovechar lo que de cada uno de ellos convenga a la investigación de un estilo (8). La tarea, así planteada, es ardua en extremo porque, como ha observado Ullmann, glosando una idea que se remonta a Cicerón (9), «en teoría, el que habla o

la primera al 'gramático' y la segunda al 'retórico'. El gramático juzga las palabras por la etimología; el retórico, por el hecho de si surten 'el efecto de metáfora sobre el que escucha'. Wundt rechaza el término 'metáfora' para 'transposiciones' lingüísticas como la 'pata' de la mesa y el 'pie' de la montaña, haciendo criterio del verdadero metaforismo la intención deliberada, voluntaria de crear efecto emotivo, por parte de quien lo usa. H. Konrad contrapone la metáfora 'lingüística' a la metáfora 'estética', señalando que la primera... subraya el rasgo predominante del objeto mientras que la segunda va orientada a dar una nueva impresión del objeto, a 'bañarlo en una nueva atmósfera'... Richards llama 'metáfora verbal' al primer tipo de Campbell, pues mantiene que la metáfora literaria no es un vínculo verbal, sino una transacción entre contextos, una analogía entre objetos". R. Wellek y A. Warren, *Teoría literaria* (Madrid: Gredos, 1966), págs. 234 y 354. Para un resumen crítico de esas teorías, véase Christine Brooke-Rose, *A Grammar of Metaphor* (Londres: Segker & Warburg, 1958), págs. 9-13.

(8) "Imagery should be considered not *per se*, but according to the particular function that the author ascribes to it in his different works". Leo Spitzer, "The Style of Diderot", *Linguistic and Literary History* (Princeton, New Jersey: Princeton University Press, 1948), pág. 170.

(9) "There is nothing in the world the name or designation of which cannot be used in connection with other things". Citado por Brooke-Rose, pág. 6.

escribe puede compararlo todo a cualquier cosa, con tal
que haya algún género de semejanza, analogía o correspondencia entre ellas» (Lenguaje, pág. 174). Y, por otra
parte, como el mismo autor subraya, «no cabe duda de
que es en el reino del lenguaje figurado donde la imaginación creadora de un autor puede afirmarse con el má-
ximo de libertad, y donde las elecciones que haga entre
las inagotables posibilidades del símil y la metáfora serán
particularmente reveladoras» (pág. 178) (10).

Toda comparación está constituída, explícita o implícitamente, por tres elementos: el objeto de que se habla,
la cualidad común, y el cbjeto que se señala como proto-
tipo de esa cualidad (Cressot, pág. 51) (11). Y cualquiera
de estos tres componentes puede servir de base para la

(10) Le choix de l'objet-repère est un fait de sensibilité bien
personnelle et ceci explique la complaisance des écrivains pour les
comparaisons et les métaphores qui sont peut-être ce qui, dans
un style, frappe le plus et le plus immédiatement. "Cressot, pág. 52".

(11) Con gran economía de palabras incluye aquí el profesor
Cressot los conceptos del símil (comparación explícita), y de la
metáfora propiamente dicha (comparación implícita); y la determinación de sus elementos estructurales. Para estos últimos, pro-
puso Richards una nomenclatura especial, que llamaría "tenor"
al objeto de que se habla, "vehículo" al término con el cual ese
objeto se compara, y "fundamento" a la relación entre ambos. The
philosophy, págs. 96 y sgtes. y 117. Pese a la ventaja que supone el
disponer de nombres simples y específicos que sustituyan las paráfrasis generalmente empleadas para designar esos términos, parece necesario señalar, como una objeción formal, el carácter artificioso que encontramos en esas palabras, quizás porque, en
rigor, resultan muy extrañas a los significados que se les atribuye.

investigación del sistema metafórico de un autor (12). La determinación de las fuentes de donde extrae sus analogías y las preferencias que muestra al seleccionar los términos de sus comparaciones serán siempre iluminadoras. Pero hay que tener presente que el delicado mecanismo de una comparación artística integra sus elementos en una nueva entidad y tiende a evocar una imagen (13). Y es ese efecto evocativo de las analogías lo que en definitiva interesa a la investigación del estilo (14). La decisión final acerca de lo que es relevante en las for-

(12) Para un esquema detallado de los distintos métodos empleados en la clasificación de las metáforas desde Aristóteles hasta investigadores modernos, véase Brooke-Rose, págs. 3-21.

(13) La palabra imagen suele emplearse en distintas acepciones. Su noción estricta es la de una representación mental y corresponde a la psicología. Su acepción retórica es la de una "representación viva y eficaz de una cosa por medio del lenguaje" (Diccionario de la lengua española). En los estudios literarios se emplea con cierta ambigüedad, y a menudo como sinónimo de metáfora. Y es que en la base de toda comparación subyace una imagen. Pero "an image is not necessarily a substitution of one thing for another or a comparison between them, et may be any concrete word which evokes a response of the senses" (Sayce, *Style*, pág. 57). Y hay además imágenes que surgen de una expresión metonímica (Ullmann, *Style*, págs. 211-212), o de una descripción (Wellek y Warren, págs. 222-224). Para un estudio más completo véase: June Downey, *Creative Imagination: Studies in the Psycholoqu of Literature* (New York, 1929). Acerca de las imágenes sensoriales en relación con la literatura, véase Richards, *Principles*, págs. 114-33.

(14) "Aucun de ces classements n'est satisfaisant pour le stylissticien, car l'image n'est pas dans les choses, elle est une synthèse opérée par l'esprit. Elle naît de la note générale du passage,

mas metafóricas será siempre difícil, y aun partiendo de
una investigación cuidadosa, dependerá de una intuición.
Porque ya se ha dicho antes que las posibilidades de elección son infinitas, y no se debe olvidar tampoco que el genio metafórico de un artista suele ser demasiado sutil y
proteico para intentar encerrarlo en precisiones. Tratándose de un escritor como Alas, que pretendió hasta los
límites que la palabra alcanza fundir las dimensiones abstractas y concretas de sus creaciones, el estudio del sistema metafórico de que se vale ha de abordarse con cierta libertad, procurando señalar el valor funcional de sus
imágenes allí donde se encuentre, sea cual fuere la forma
o la estructura que las haga brotar.

El sistema metafórico de Alas

En la prosa de Clarín, esa «superposición e interpenetración de las esferas significativas» que se ha señalado como un fenómeno genérico, latente en cualquier idioma, alcanza las proporciones de un rasgo personal y bien
definido. La concepción estética de un mundo integrado
en un doble proceso de interrelaciones, en el que las ideas
y los sentimientos se materializan en formas concretas
al par que los objetos inanimados trascienden sus limita-

---

elle naît d'interférences entre le monde matériel et le monde moral, entre le monde réel et le monde poétique, d'una sorte d'en-
vahissement progressif de la conscience par une illusion. Cressot,
pág. 52.

ciones, y la notoria inclinación de su temperamento a la distorsión hiperbólica son dos coordenadas básicas de su estilo que venimos señalando con insistencia. Y ambas le conducen, por distintos caminos, a rebasar los significados lógicos de las palabras con insistentes transposiciones. Su metaforismo es tan intenso y de orientación tan consistente, que los giros oblicuos de su lenguaje, muchos de ellos corrientes en el acervo de la lengua española, adquieren, por virtud de su abundancia y de su peculiar manejo, una marcada relevancia estilística. Y, hasta sin adoptar la forma de una figura específica de contigüidad o semejanza, pueden provocar imágenes genuinas, integradas con artístico designio a una situación temática determinada:

> Don Víctor no hablaba. Gruñía arrimado a la pared, en un rincón... (R, 536).

La imagen de un pobre hombre, abatido por la desgracia, acosado por los dilemas que le plantea su propio pensamiento, y acorralado por las pérfidas insinuaciones que lo inducen a matar, se transmuta, por la magia de la expresión artística, y con las más simples palabras, en la vívida imagen de un perro furioso y asustado (*gruñía*), indefenso (*arrimado a la pared*), y cruelmente ultrajado (*en un rincón*).

Aún en los ensayos críticos, por su propia naturaleza más objetivos, la vitalidad del lenguaje figurado que con frecuencia Clarín emplea, suele acortar las distancias entre los juicios lógicos que subyacen en sus palabras y

la impresión subjetiva o «clariniana» que el autor desea
expresar:

> *El Espejo* [título de una comedia] es el último
> fusilamiento que ha hecho Pina, como los zurci-
> dos, sin conocerse (Ll, 99).

El oblicuo sentido de estas trasposiciones ya no es
tan transparente. La oscura metáfora implícita en el sustantivo *fusilamiento*, que de acuerdo al contexto puede
referirse lo mismo a la ínfima calidad de la comedia que
a su condición de plagio, se refuerza con un símil case-
ro y ambiguo, *como los zurcidos, sin conocerse* (que no
deben notarse), que alude con ironía al poco éxito alcan-
zado por la obra, o a la intención clandestina del plagio.
El lenguaje empleado pierde su eficacia significativa fuera del tiempo y lugar en que las palabras fueron escritas, pero en el aspecto expresivo, los contenidos desvalorizadores de las palabras *fusilamiento* y *zurcidos*, des-
proporcionadas y extrañas al tema que se viene tratando,
cumplen su misión de marcar con su sarcástico sello una
diatriba que vale por sí misma, con independencia del
significado estricto del juicio lógico que ellas encierran.

Y del mismo modo, la riqueza metafórica del lenguaje
clariniano puede servir al propósito de expresar las muy
subjetivas exageraciones que el entusiasmo apasionado
sugiere a un personaje:

> Aquella tarde de Pas estuvo más elocuente que
> nunca; ella comprendió que estaba siendo una in-

grata... con su *apóstol,* aquel *apóstol todo de fuego, razón luminosa, lengua de oro, de oro líquido...* (R, 333).

Pero la expresión de esas recónditas analogías que el autor encuentra entre las formas externas y todo cuanto concibe su pensamiento suele ser mucho más elaborada y compleja. En su mayor parte, el sustrato del sistema metafórico de Alas proviene de una doble visión que abarca mundos dispares y pretende fundirlos en armonía. Y muy numerosas serían las referencias más o menos explícitas que pudieran confirmar esa posición angustiada e indecisa del autor ante una concepción del mundo polarizada entre abstracción y forma, espíritu y materia, Dios y su opuesto (este último término encarnado casi siempre en los conflictos del sexo); y un vivo anhelo, de raíz profundamente religiosa, que busca trascender esa contradicción en unidad (15). Las transposiciones que surgen de esos empeños son las más numerosas, y entre

---

(15) No es éste el lugar para analizar los efectos que esas polarizaciones determinan en los temas clarinianos y en las actitudes de sus personajes. Pero bien claro se advierte que constituyen el núcleo central de los conflictos que se plantean en sus dos novelas largas, y la clave psicológica de muchas de sus caracterizaciones. De ese anhelo de armonía se burla amargamente, y de manera específica, cuando relata las vicisitudes filosóficas del inefable Zurita, y las hace culminar en aficiones culinarias (págs. 898-921); y al mismo afán se refiere cuando hace decir a un personaje que quiere ser puro espíritu: "Allá lejos... no hubiera sabido esto [las tentaciones de la carne]; mi cuerpo y mi alma hubiera sido una armonía" (Els, 997).

ellas se encuentran también las más trabajadas y contrahechas, como se verá mas adelante. Pero sin duda son en extremo reveladoras, y su observación atenta puede ofrecer valiosos indicios acerca de la personal simbología del autor, y aun conducir a una interpretación objetiva, siquiera sea parcial y aproximada, de los contenidos ideológicos que se encierran en su obra.

Menos representativas desde el punto de vista de las resonancias temáticas y de las ideas del autor, pero quizás más relevantes en el aspecto artístico, están las analogías que el autor descubre entre los objetos del mundo exterior, tal como los concibe su fantasía o como afectan a sus percepciones. Como casi siempre hace, Clarín explica este interesante aspecto de su estética mediante las manifestaciones de un personaje:

> él no tenía, en rigor, amigos entre los hombres; ...Sus amigos eran las cosas. La montaña en el horizonte, la luna, el campanario de la parroquia, ciertos muebles..., la ropa de color, usada, de andar por casa..., las zapatillas gastadas..., el lecho de *soltero* sobre todo. Estos seres inanimados, de la industria, a los cuales dudaba Platón si correspondía una idea, eran para Bonis *como almas paralíticas, que oían, sentían, entendían..., pero no podían contestar ni por señas* (Suh, 676) (16).

---

(16) La escala de valores que ordena las palabras en este fragmento es también reveladora. *La montaña en el horizonte*, con su misterio y su imponente grandeza: *la luna*, símbolo tópico de una visión sentimental de la naturaleza; *el campanario de la parroquia*, que habla al escéptico Bonis de idealidad y religión. Y, enseguida,

El tono mórbido que se percibe en el extraño símil que subrayamos en el texto tiene un indudable matiz romántico y decadente que se aviene a la caracterización del personaje y a la tónica general de la obra en que aparece este pasaje. Pero a la vez da cuenta de la actitud emotiva y animista con que el autor contempla el mundo físico, y pone de manifiesto una de las más fecundas fuentes de sus metáforas, en muchas de las cuales se advierte, más aún que la duda platónica, la certeza de que a esas «almas paralíticas» que se encierran en las formas de las cosas, corresponde mucho más que una idea.

Dentro de ese inagotable campo de las correspondencias entre las cosas del mundo físico, y en una modalidad mas depurada del procedimiento metafórico de Alas, hay que poner aparte ciertas comparaciones que ofrecen una visión artística de la realidad externa, con sus formas plásticas, colores y reflejos, muchas veces percibidos a la manera impresionista, pero otras tantas interferidas por vigorosos trazos de distorsión irónica que de nuevo delatan la subjetividad del autor.

Las fuentes de los términos de sus comparaciones son las tradicionales, con un gran predominio de tópicos banales con los que rinde homenaje a los hábitos y modismos del lenguaje coloquial. Pero aun con los términos más vulgares y desgastados por el uso, sus analogías

---

lo cotidiano, impregnado de añoranzas materiales: *ciertos muebles, la ropa de color usada, de andar por casa*; hasta llegar a lo material más íntimo, sin mezcla posible de elevación espiritual: *las zapatillas gastadas.*

pueden alcanzar un valor artístico apreciable, relacionado con el retrato psicológico de los personajes, con los ambientes o con la tónica general de la obra a la que pertenecen.

Con respecto a la forma de las imágenes, y dejando a un lado los efectos del lenguaje oblicuo, que constituye quizás uno de los aspectos más brillantes del sistema metafórico de Alas, pudiera afirmarse que predominan en el conjunto las comparaciones explícitas, con la fórmula A es como B y sus múltiples variantes. Pero el predominio de esa forma, en sí mismo, aun considerado como prueba de una preferencia del autor, no aporta mucho al estudio de la expresividad de las imágenes, sino que más bien obedece a las necesidades técnicas del procedimiento narrativo, que por su propia naturaleza se aviene mejor a los símiles que a las metáforas puras.

Es por lo tanto en el manejo artístico de los elementos que se comparan, en sus correspondencias y en la naturaleza de sus interrelaciones donde habrá que buscar el valor artístico de las transposiciones clarinianas. De más está advertir que la delimitación de los distintos aspectos que se han enunciado como básicos en su procedimiento no será siempre clara, porque otra de las características de su metaforismo es, de nuevo, la insistencia con que mezcla y reitera formas distintas hasta encontrar la imagen que mejor corresponde a sus conceptos. Pero en la observación de esas distintas modalidades puede al menos encontrarse una pauta que ayude a ordenar sus metáforas desde el punto de vista de la expresividad.

La representación física de las abstracciones

De acuerdo a numerosas alusiones que así lo sugieren, diríase que Alas tuvo la facultad de pensar en imágenes y la obsesión artística de encarnar sus pensamientos en formas perceptibles (17). En su procedimiento expresivo, el «cocktail» de esferas de que nos habla Bühler (pág. 506) se manifiesta como un vigoroso impulso que brota de su concepción unitaria del mundo, y que se inclina casi siempre a la representación material de todo lo incorpóreo. Como un aspecto importante de esa tendencia, la yuxtaposición de formas nominales que intercambian las esferas abstractas y concretas en sus posibles y diversas combinaciones ha sido discutida ya al examinar el valor expresivo de las palabras consideradas como categorías gramaticales aisladas. Pero a veces el artista va más lejos en su aspiración a representar lo intangible y pretende convertir las abstracciones en presencias. Los resultados suelen ser mediocres, y el proceso creativo se percibe como un esfuerzo agónico, que la rigidez de las palabras frustra:

> Era aquella voz... de una extraña naturaleza,
> ... que él se figuraba así... de una pasta muy suave, tenue, blanquecina; vagaba en el aire, y al cho-

---

(17) "Estás en la casa de un sabio; este silencio, ¿nada te dice? ¿No hay aquí algo que hable de misterioso vivir del filósofo? ¿No quedó en el aire, perceptible a tus ojos, algún rastro que sea indicio de los pensamientos de don Eufrasio, o de sus pesares, o de sus esperanzas, o de sus pasiones, que tal vez, con saber tanto, Macrocéfalo las tenga? (Lms, 930).

car con sus ondas, que la labraban como si fueran finísimos cinceles, iba adquiriendo graciosas curvas que parecían, más que líneas, sutiles y vagarosas ideas, que suspiraban entusiasmo y amor; al cabo la fina labor de las ondas del aire sobre la masa de aquella voz, que era, aunque muy delicada, materia (18), daba por maravilloso producto los contornos de una mujer que no acababan de modelarse con precisa forma; pero que, semejando todo lo curvilíneo de Venus, no paraban en ser nada, sino que lo iban siendo todo por momentos. Y según eran las notas, agudas o graves, así el canónigo veía aquellas líneas que son símbolos en la mujer de la idealidad más alta, o aquellas otras que toman sus encantos del ser ellas incentivo de más corpóreos apetitos (EdSS, 58).

En este confuso pasaje, el tono de las analogías está en consonancia con el tema de la narración donde aparece, fantástico hasta los bordes mismos de la magia. Surge aquí la dificultad inherente a los análisis de estilo realizados en microcontextos, siempre limitados por su falta de conexión con el ambiente y el propósito general de la obra. Y hay que advertir que, aunque no pueda apreciarse en el ejemplo, el tono irreal que corresponde a la fantasmagoría donde se inserta el fragmento justifica un tanto la incoherencia y la vaguedad de las comparacio-

---

(18)   Ese intento de evocar una imagen plástica de la voz aparece más logrado en otro lugar, mediante la acción de un simple complemento preposicional que la materializa: "le zumbaba todavía en los oídos aquella voz dulce, que salía *en pedazos*, como por tamiz. por los cuadradillos de la celosía del confesionario" (R, 135).

nes. Pero no salva el conjunto. Las expresiones *se figuraba, como si fueran, que parecían, que no acababan de
modelarse, semejando* pretenden ser los nexos de una
transmutación imposible (19). Los términos de las analogías: *voz - pasta, masa materia; ondas - cinceles; curvas - ideas,* culminan en una extraña contraposición que
asocia términos extremadamente dispares, y la relación
de semejanza se torna demasiado recóndita y subjetiva:
*notas agudas - idealidad más alta; notas graves - todo lo
curvilíneo, incentivo de corpóreos apetitos* (20). Las imágenes que pugnan por brotar del conjunto, se difuminan
en contradicciones: *todo-nada; agudo-grave; vagarosas
ideas-formas precisas; idealidad-apetitos.* Pero el fragmento resulta revelador en muchos aspectos. Los paralelos, como todo el cuento al que pertenecen, son embrio-
nes o gérmenes de otras concepciones mas logradas (21),

(19) Otro elaborado y también confuso intento de materializar
la música en formas pictóricas y de relacionar las líneas resultan-
tes con diversos conflictos antagónicos y, finalmente, con la mujer,
puede verse en Suh, págs. 634-35.

(20) De acuerdo al diagrama que ve la analogía como un ángulo en el cual las líneas representan los términos de la comparación y el vértice la cualidad que tienen en común (Sayce, *Style,*
pág. 62), hay que señalar que, en este caso, "el ángulo de la imagen" es demasiado abierto, y el efecto total se diluye en oscuridad.

(21) La posibilidad de que "El diablo en Semana Santa" haya
sido un antecedente esquemático de *La Regenta* ha sido señalada
por Brent, págs. 26-27. Véase también el comentario de Carlos Cla-
vería, *Cinco estudios de literatura moderna* (Salamanca: Colegio
Trilingüe de la Universidad, Consejo Superior de Investigaciones
Científicas, 1945), págs. 13-14.

pero por lo mismo contribuyen con sus tanteos a iluminar ciertos elementos básicos del procedimiento expresivo de Alas, presentes casi siempre en su metaforismo.

En ocasiones, esos artísticos empeños se acercan más a los efectos deseados y las abstracciones se concretan en representaciones muy claras, que quizás no necesitan los comentarios superfluos con que el autor las explica a través de su personaje:

> De repente vió, casi con imágenes plásticas, las ideas de orden, de moral «casera», ordinaria, sumidas en una triste y pálida y desabrida región del espíritu; oscurecidas, arrinconadas, avergonzadas; las vió, como el guardarropa anticuado y pobre de una dama de aldea, ridículas; eran como vestidos mal hechos, de colores ajados; ella misma se los había vestido y sentía verguenza retrospectiva; si, ella, a pesar de su originalidad, participaba de tantas y tantas preocupaciones, estaba sumida en la «moral casera» de aquellas señoras de pueblo que no aplaudían a los cantantes ni solían tener queridos (Suh, 652).

Como en la mayor parte de las comparaciones clarinianas, en este pasaje los elementos que dan vida a las imágenes aparecen integrados en el contexto. La imagen más vívida surge de una metáfora atributiva, que supone a las *ideas de orden y de moral «casera»*, *arrinconadas*, *avergonzadas*, y las sitúa en un espacio concreto, también metafórico: *en una... región del espíritu*. En cambio, en la comparación que asimila las *ideas de orden y de moral «casera»* a un *guardarropa anticuado y pobre*, o a *vestidos mal hechos, de colores ajados,* se advierte una sobrecarga de elementos conceptuales, que incluyen alusiones al provincianismo en contraposición con la vida mundana, y aún rozan por implicación irónica el viejo tópico de alabanza de la aldea. Y todo ello, unido al efecto difuminador de los plurales y de las expresiones calificadoras explicativas, tiende a debilitar el efecto de las imágenes visuales que proyectan las abstracciones, y contribuye a diluir la fuerza expresiva de lo que, en gracia a la acción del lenguaje figurado, empezó como una transparente alegoría.

Las metáforas de contenido alegórico, con predominio de la representación visual y tendencia a la alusión sinbólica, son muy frecuentes en la imaginería clariniana (22). Suelen aparecer muy diáfanas en los giros oblicuos de su lenguaje, generalmente logradas por la acción de los verbos, y sin adoptar una forma determinada:

---

(22) La ironía de Clarín alcanza también a este aspecto de su estética, y el artista parece burlarse, en cabeza de uno de sus personajes, de esa tendencia alegórica de su imaginación: "Tenía soberbia imaginación; cuantas metáforas y alegorías andan por los lugares comunes de la retórica periodística y parlamentaria tomábalas al pié de la letra Avecilla, y veía los respectivos objetos en la forma material del tropo, verbigracia, el equilibrio de los poderes se lo figuraba él en forma de romana; el rey o jefe del Estado, o sea el poder moderador... era el que tenía el peso; ... el poder judicial era el fiel; el poder legislativo estaba colgado de los ganchos, y el ejecutivo era la pesa. Pensando en la arena candente de la política, se le aparecía la plaza de toros en un día de corrida de agosto y desde tendido de sol" (A, 855).

¡si... volviera una pasión prohibida a *enroscarse*
en el corazón, o en la carne o donde sea...! (R, 376).
(23).

La terrible tentación *le volvía la espalda, huía*
derrotada... (376).

El orgullo de la madre *daba brincos de cólera*
dentro de doña Paula (532).

O pueden surgir de símiles que les proporcionan el
soporte de una imagen visual muy nítida:

> Cierto era, que cuando allí la creencia pura,
> la fé católica arraigaba, era con robustas raices,
> *como con cadenas de hierro* (R, 17).

La representación alegórica de las pasiones adopta
con frecuencia la forma de animales repulsivos:

> Nada de púlpito... La altura de la cátedra era
> *como un despeñadero sobre una sima de tentación;*
> *el orgullo, la vanidad, la falsa ciencia* estaban allí,
> con la boca abierta, *monstruos terribles* en las os-
> curidades del abismo (Els, 994).

Desde *la altura* del *púlpito, sima y abismo* sirven de
asiento metafórico a las imágenes de los *monstruos te-*
rribles que *estaban allí, con la boca abierta,* encarnados

---

(23) La representación de las pasiones como sierpes, de claro
abolengo bíblico, aparece a menudo en la simbología clariniana.
Véanse otros ejemplos en la pág. 108 de este trabajo.

por la fuerza del estilo a un grado tal, que sus siluetas parecen destacarse sobre el fondo que les proporcionan *las oscuridades del abismo.*

A veces la comparación forma parte de una concepción alegórica más amplia, de la cual depende, y que provoca una cadena de analogías lógicamente enlazadas. La idea de que el Estado, en su aspecto administrativo, puede concebirse como una maquinaria en movimiento sugiere al autor la analogía empleado-ruedecilla, por demás simple, y en sí misma, carente de novedad (24). Pero su elaboración artística como un elemento irónico, que el autor exagera y desarrolla con la mayor seriedad, le proporciona un interesante relieve:

> Desde entonces se creyó *una ruedecilla de la gran máquina,* y tomó la alegoría mecánica tan al pié de la letra, que casi se volvía loco pensando que si él caía enfermo, y *se paraba..., las ruedecillas que engranaban con él, se pararían también,* y, de una en otra, llegaría la inacción a todas *las ruedas,* inclusive las más grandes e interesantes (R, 584).

La patética burla, con su acusado matiz tragicómico, se intensifica mediante la reiteración del motivo *hombrerueda,* que en su aparente banalidad encierra una amarga alusión a la precaria realidad del infeliz Avecilla, insigni-

---

(24) "Ni que decir tiene que no es esencial a toda imagen el ser absolutamente original; pero si su fuerza expresiva se ha debilitado con la repetición, si se ha osificado en una frase hecha o en un clisé, entonces el escritor tendrá que rejuvenecerla e infundir nueva vida en ella". Ullmann, *Lenguaje,* pág. 212.

ficante criatura sin otra importancia que la imagen mecánica que de sí mismo y de sus rutinarias funciones se había fabricado:

> En cuanto a él, era..., *una rueda de la máquina administrativa,* siquiera fuera una rueda del tamaño de un grano de mostaza. No por esto se afligía, pues sabía que no por ser tan pequeño era *esta ruedecilla* menos importante que las otras. Tan al pié de la letra tomaba esto de la rueda, que dos o tres veces que tuvo tercianas soñó que *tenía dientes por todo el cuerpo y,* delirando, dijo a su mujer:
> —Dejad todas esas medicinas; *lo que yo necesito es aceite,* que me unten, que me den la unción, *y veréis como corro* (855).

Y el irónico absurdo culmina en una serie de metáforas que insisten en deshumanizar la figura del humilde funcionario administrativo hasta los límites mismos de la cosificación (25):

---

(25) El artístico manejo de la crítica sociológica es un aspecto importante de la ironía clariniana. La estolidez y la indiferencia del sistema burocrático, su organización injusta y abusiva, su inocuidad y falsas apariencias, son temas que Alas satiriza con frecuencia, por medios indirectos, en su obra creativa; y la irónica denuncia de la mecanización que sufre el funcionario administrativo, reiterada como un "leit motiv" en "Avecilla" forma parte de ese rechazo. Un estudio de los valores artísticos y del profundo contenido humano que alcanza el humorismo de Clarín en "Avecilla" puede verse en Gramberg, págs. 119-126.

Que me muero yo ahora, de repente, pensaba, pues... por mí se detiene el general movimiento del bien concertado mecanismo del Estado; se para *esta ruedecilla, y se debe quedar en el lecho*; acto continuo *se detiene la rueda inmediata superior*; el oficial *al detenerse ésta, tropieza,* y también se detienen los demás oficiales y escribientes del negociado (856).

A la mañana siguiente *la rueda administrativa se despertó en don Casto con grandes ansias de funcionar* (869).

El punto de partida de esta clase de metáforas puede ser una analogía percibida por el autor en uso de su más libre facultad asociativa: doña Paula-mujer de voluntad firme-tornillo. Pero su desarrollo es generalmente racional y bien ajustado a la mentalidad y al ambiente que corresponde al personaje al que se atribuye (26):

Doña Paula se figuraba la diócesis como *un lagar de sidra de los que había en su aldea*; su hijo era *la fuerza, la viga* y *la pesa que exprimían el gruto*, oprimiendo, cayendo poco a poco; ella era *el tornillo que apretaba; por la espiga de acero de su voluntad iba resbalando la voluntad,* para ella de cera, *de su hijo; la espiga entraba en la tuerca,* era lo natural... *pensaba el tornillo* (R, 176).

---

(26) Acerca de las posibilidades de la metáfora como instrumento del retrato lingüístico, véase Stephen Ullmann, *The image in the Modern French Novel* (Cambridge: University Press, 1960), págs. 217-24.

La adecuación de las comparaciones al mundo interior de cada personaje, a sus preferencias, temperamento o conflicto es un fino trabajo de arte que Clarín elabora con cuidadoso empeño. La inconsistente religiosidad de Ana Ozores, superficial y dependiente de sus reacciones sensoriales, se manifiesta en una actitud escéptica, de fría y racionalizada observación ante la iglesia vacía. Y ese confuso estado de ánimo, que quizás proyecta los conflictos religiosos del autor (27), cristaliza en una compleja analogía, que el propio Alas encuentra enfermiza y extraña:

> Empezó a notar que el templo solitario no excitaba su devoción; aquellas paredes frías, aquella especie de descanso de los Santos a las horas en que cesa la adoración, le recordaban por extrañas analogías que establecía el cerebro, enfermo acaso...; la fatiga de los reyes, la fatiga de los monstruos de feria, la fatiga de los cómicos, políticos y cuantos seres por destino tienen darse en público espectáculo a la administración material y boquiabierta de la necia multitud. La iglesia sin culto activo, la iglesia descansando, llegó a parecerle a ella algo *como un teatro de día* (R, 439).

Pero a veces las analogías que se atribuyen a la imaginación de un personaje tienen un doble aspecto, y a más

_____

(27) Las alusiones de Clarín al influjo sensual del culto católico son numerosas y parecen delatar un conflicto ético entre la religión apreciada por "su hermosura externa" y la auténtica religiosidad espiritual. Véase, entre otras, R, págs. 64, 309 y 439.

de reflejar las reacciones que a su psicología corresponden, transparentan las preferencias estéticas del propio autor:

> Aquello de Ana también era una enfermedad, y grave, solo que él [Frígiles] no sabía clasificarla. Era como si tratándose de un árbol empezara a echar flores y más flores gastando en esto toda la savia, y se quedara delgado, delgado y cada vez más florido; después se secaban las raíces, el tronco, las ramas y los ramos, y las flores, cada vez más hermosas, venían al suelo con la leña seca; y en el suelo..., en el suelo..., si no había un milagro, se marchitaban, se podrían, se hacían lodo como todo lo demás. Así era la enfermedad de Anita (R, 372).

La belleza y el amor que se encierran en esta comparación se avienen a la actitud emotiva y fervorosa con que don Tomás Crespo (Frígilis) contempla la naturaleza, madre y maestra que, para él, ofrece cabal respuesta a todos los misterios de la existencia. Y a su vez reflejan el sentimiento afectuoso del personaje hacia Ana Ozores, su amiga bella y virtuosa pero, al fin, compuesta de materia orgánica, y enferma por los efectos de su vitalidad mal equilibrada, tal como lo estaría un árbol con exceso florecido.

Tras las delicadas alusiones a la espiritualidad de Ana que contiene este pasaje: *flores y más flores*; *cada vez más florido*; *y las flores cada vez más hermosas*, asoma el riguroso fatalismo que la materia impone: *gastando en esto toda la savia*; *y se quedara delgado, delgado*; *se se-*

caban las raíces, el tronco, las ramas y los ramos; las flores... venían al suelo con la leña seca. Todo el fragmento está impregnado de un tono melancólico, que se percibe en las formas subjuntivas, siempre evocadoras de una añoranza ante algo que *era como si fuera lo que no debió ser;* y esa melancolía se hace muy notoria en la vacilación: *y en el suelo..., en el suelo...,* que en las pausas de los puntos suspensivos parece mostrar un atisbo de religiosa esperanza: *si no había un milagro.* Y la metáfora Ana-árbol enfermo; flores-espíritu; leña seca-materia, culmina en una imagen adversa, que reitera en gradación el motivo de lo podrido, siempre asociado en la simbología clariniana a la desintegración moral: *se marchitaban, se podrían, se hacían lodo, como todo lo demás* (28).

Los apasionados arrebatos de don Fermín de Pas son otra fuente de complicadas analogías, que se acumulan y combinan en forma de símiles o de metáforas puras, entrecruzadas en violentos estallidos que desbordan las posibilidades expresivas de las palabras:

---

(28) Ya desde las primeras páginas de la novela el autor había introducido la analogía Ana-flor podrida en otro símil, que bien pudiera considerarse como la génesis artística de ese pasaje: "Desde entonces educó a la niña sin esperanzas de salvarla; *como si cultivara una flor podrida ya por la mordedura de un gusano*" (R, 58). Y como una culminación de ese mismo motivo, hacia el final de la novela, y ya consumado el adulterio de la Ozores, el abrumado esposo concluye desolado: "Sí, la tristeza era universal; *todo el mundo era podredumbre; el ser humano lo más podrido de todo* (584).

En aquellas cartas que rasgaba, lloraba, gemía, imprecaba, deprecaba, rugía, arrullaba; unas veces parecían aquellos regueros tortuosos y estrechos de tinta fina la cloaca de las inmundicias que tenía el magistral en el alma: la soberbia, la ira, la lascivia, engañada y sofocada y provocada, salían a borbotones, como podredumbre líquida y espesa. La pasión hablaba entonces con el murmullo ronco y gutural de la basura corriente y encauzada. Otras veces se quejaba el idealismo fantástico del clérigo como una tórtola; recordaba sin rencor, como en una elegía, los días de la amistad suave, tierna, íntima...; Pero entre los quejidos de tórtola, el viento volvía a bramar sacudiendo la enramada, volvía a rugir el huracán, estallaba el trueno, y un sarcasmo cruel y grosero rasgaba el papel como el cielo negro un rayo (R, 530).

El estudio de este fragmento revela el extraordinario predominio que los componentes afectivos e imaginativos del lenguaje pueden alcanzar en el sistema expresivo de Alas. De la realidad externa que la escena representa, no hay en toda esa desenfrenada explosión de palabras más que unos pocos elementos: *aquellas cartas*; *tinta fina*; *el papel* y un hombre desesperado: *el magistral*. Todo lo demás es, cuando no metafórico en un sentido estricto, al menos extremado hasta los límites de la más desmesurada hipérbole. Dejando aparte la impresionante serie que encabeza el fragmento, compuesta de siete verbos enfáticos y empleados en sentido figurado, la proyección metafórica de la realidad comienza en el punto en que el autor representa los signos de la escritura como *regueros tortuosos y estrechos de tinta*, buscando ya la imagen visual que ha de asimilarlos a *la cloaca de inmundicias que el magistral tenía en el alma*. Para intensificar la imagen de *la cloaca, la soberbia, la ira* y *la lascivia* adquieren corporeidad y se transmutan en *podredumbre líquida y espesa*; y el lenguaje de la pasión se compara con *el murmullo ronco de la basura corriente y encauzada*. Una polarización muy típica del sistema metafórico de Alas va desde la inmundicia y la podredumbre al *idealismo fantástico* que, dramáticamente personificado, se queja *como una tórtola*, y convierte el recuerdo *en una elegía*. En la última parte del fragmento las metáforas se hacen puras y, en consecuencia, más ambiguas. Los *quejidos de tórtola, el bramar del viento, el rugir del huracán* y *el estallido del trueno* proyectan los sentimientos y las pasiones del magistral con imágenes asociadas a las ideas de dulzura y de violencia respectivamente. Y las extrañas analogías *papel-cielo negro; sarcasmo-rayo* rubrican el dramático conjunto con una nota poética evocadora y sorprendente.

Los frenéticos impulsos viriles del magistral, en pugna con la impotencia en que se debate a causa de su estado sacerdotal se materializan en símiles incoherentes, todos ellos desvalorizadores y de tono vehemente e intenso, como corresponde al temperamento y a la situación del personaje. La extraordinaria capacidad de hipérbole que subyace en el estilo clariniano y que irradia a través de toda su obra en la selección de palabras de fuerte contenido se desborda en un clímax temáticamente justificado pero, en todo caso, extremado e impresionante. El enamorado clérigo, de nuevo convertido en fiera por

implicación de las palabras, siente «el deseo, la necesidad
de matar y comer lo muerto» (29); y compara su sotana,
símbolo de su elevada investidura con un *trapo ignominioso* (512); con *un sarcasmo de la suerte, un trapo de
carnaval colgado al cuello*; con una *cadena... que no ha
de romperse* (529); y por último, condensando sus analogías, alude a ella con metáforas puras: y *arrojar yo la
máscara, la ropa negra* (531). Y él mismo, hombre y cura,
se compara sucesivamente con *un eunuco enamorado, un
objeto digno de risa, una cosa repugnante de puro ridícula; atado por los pies... como un presidiario, como una
cabra, como un rocín libre en los prados; él misérrimo
cura, ludibrio de hombre disfrazado de anafrodita* (512).

Las metáforas que representan los conflictos religiosos y morales de Ana Ozores son también exaltadas y
muchas veces relacionadas con sensaciones hiperestési-
cas:

Sentía *cardos en el alma* (R, 47).

Tal vez allí hubiera podido alejar de sí aquellas ideas tristes, desconsoladoras, que *se clavaban
en su cerebro como alfileres en un acerico* (151)
(30).

---

(29) La analogía Fermín de Pas-fiera contenida en las alusiones del lenguaje figurado, se hace después explícita, en las palabras del propio magistral: "Mato... porque puedo, porque soy fuerte, porque soy hombre..., *porque soy fiera...* (529).

(30) Esa analogía *pensamiento obsesivo-sensación punzante*
aparece en otro caso elaborada en forma de una doble metáfora:

El pensamiento de Dios fue entonces *como una brasa metida en el corazón*; todo ardió allí adentro en piedad (325).

Y *como si sus entrañas entrasen en una fundición*, Ana *sentía chisporroteos dentro de sí, fuego líquido que la evaporaba*... (370).

Procuraba apartar de él su pensamiento, con la conciencia de que era aquel recuerdo *una llaga del espíritu que tocándola, dolería* (376).

Con la lluvia pertinaz... volvieron antiguas aprensiones... y *aquellos cardos que le pinchaban el alma* (438).

La actitud frívola ante las plegarias, que el personaje dramatiza y siente como «tormento de la distracción» se concreta en formas, mediante una fina metáfora en la que el diminutivo plural *diablillos* pone una nota visual muy alusiva a la dinámica del pecado venial que representa:

las oraciones comenzaban y no concluían; ... la soledad se poblaba de mil imágenes *diablillos de la distracción* (R, 439).

El silencio, con su belleza abstracta y su misterio, inspira al artista una interesante metáfora que traduce las

---

"una protesta... que era... expresión de una idea fija, o mejor, de *un odio clavado en aquel cerebro con el martillo de la manía*" (R, 342).

inquietudes morales de Ana y las materializa en una imagen a la vez visual y auditiva:

el silencio era *enjambre de ruidos interiores* (239).

Otras veces, el silencio se hace tangible mediante un símil que, por contraste, lo evidencia:

> Algunos días había en sus diálogos pausas embarazosas; el silencio se prolongaba, molestándoles *como un hablador importuno* (R, 389).

Pero es la dualidad espíritu y materia, Dios y sexo, representada en el dramático conflicto de Ana Ozores entre religión y erotismo, la que da lugar a las más extrañas analogías, algunas tan denigrantes que parecen delatar una intensa repulsión hacia los impulsos de la carne, que el autor llama siempre pecado de lascivia:

> Si se paraba a evocar pensamientos religiosos, a contemplar abstracciones sagradas, en vez de Dios se le presentaba Mesía.
> 'Creía que había muerto aquella Ana que iba y venía de la desesperación a la esperanza, de la rebeldía a la resignación, y no había tal; estaba allí, dentro de ella; sojuzgada, sí, perseguida, arrinconada, pero no muerta. *Como San Juan Degollado daba voces desde la cisterna en que Herodías le guardaba*, la *Regenta* rebelde, la pecadora de pensamiento, gritaba desde el fondo de las entrañas, y sus gritos se oían por todo el cerebro. Aquella Ana prohibida era *una especie de tenia que se comía todos los buenos propósitos de Ana la devota*, la hermana humilde y cariñosa del magistral' (R, 412).

La aparente incoherencia de los símiles que predominan en este fragmento forma parte de una concepción artística en la que numerosas antítesis funcionan como un eco resonante de la extrema polarización que sirve de base al conjunto. La contraposición *Dios-Mesía*, planteada en toda su crudeza, se refleja en las oposiciones *había muerto-estaba allí*; *iba y venía*; *desesperación-esperanza*; *rebeldía-resignación*; *Ana prohibida-Ana la devota*. Y es la misma relación contradictoria que preside el oculto sentido de las imágenes. Las analogías entre *Ana, la pecadora de pensamiento* y *San Juan el Bautista*, a quien los discípulos de Jesucristo llamaron «el divino» resultan incomprensibles desde el punto de vista lógico. Pero se hacen transparentes a la luz de un estudio más detenido. La relación *San Juan-tenia*, tan violenta y sacrílega como la antítesis *Dios-Mesía*, clave de todo el fragmento, es una proyección del conflicto básico entre religión y pecado, idealidad y lascivia, tantas veces enunciado. Y esta vez expuesto con los términos más rigurosos, como una tremenda dualidad irreconciliable entre lo más alto y lo más bajo que el autor pudo encontrar en la esfera imaginativa de sus recursos expresivos. En otro aspecto mas concreto, la comparación entre *Ana sojozgada, perseguida, arrinconada*, y *San Juan Degollado, prisionero y dando voces desde la cisterna*; y la crueldad que irradia por su sola mención el nombre de *Herodias*, evocan una actitud compasiva hacia el patético tema de «la carne pisoteada», también muchas veces aludido. El fragmento que contiene los símiles aparece entre comillas, con las que el autor destaca los pasajes que expresan las reacciones

de un personaje en estilo indirecto libre. Y ese detalle
de esmerada técnica aclara aun más la notoria incon-
gruencia y el extremismo de los símiles, consistentes con
los mezclados sentimientos de la Ozores que, apasiona-
damennte y a la vez, se autocompadece y se detesta.

Las analogías entre los objetos del mundo externo.

Las semejanzas que Alas percibe entre los objetos del
mundo físico, aunque a menudo proyectan contenidos
ideológicos, se inclinan hacia una visión artística mucho
más objetiva y primordialmente estética. Y en ellas se
manifiesta con toda su potencia creativa la extraordinaria imaginación visual del autor. En algunos casos, la
relación que Clarín encuentra entre los objetos que compara, además de ser visual, tiene un trasfondo intelectual:

> Gastaban entre los tres muchas varas de paño
> negro, reluciente, inmaculado; eran *como firmes
> columnas de la Iglesia enlutadas con fúnebres col-
> gaduras* (R, 347).

Y el concepto parece ser tan inherente a la analogía
que el autor tiene en su mente, que más adelante lo subraya con una metáfora simbólica, de procedencia bíblica:

> Y, en efecto, en los saludos que las señoras...
> dedicaban a los tres buenos mozos del Cabildo, a
> *las tres torres davídicas,* creía ver el presidente del
> Casino ocultos deseos, declaraciones inconscientes
> de la lascivia refinada y contrahecha (247).

Pero la alusión a las lujosas vestiduras de los clérigos vetustenses encuentra su más lograda expresión en una diáfana imagen visual que concentra las nociones de brillo, riqueza y color en una artística síntesis de extraordinario efecto evocativo:

> Lo que se puede bien llamar la juventud dorada del clero de la capital... acudía... todas las tardes... al Espolón; iba lo que se llama reluciente, *parecían diamantes negros* (234).

Otras veces, la relación que fundamenta la analogía es emotiva, y el objeto seleccionado como punto de comparación, aunque tangible, tiene cierto valor abstracto que amplifica su significado (31):

> amaban Pinín y Rosa a *La Cordera,* la vaca abuela, grande, amarillenta, *cuyo testuz parecía una cuna* (AC, 813).

> Miró a su cuerpo, y *le pareció tierra* (R, 326).

---

(31) Ocasionalmente el término seleccionado para comparar un objeto tangible puede ser un concepto enteramente abstracto, con el que se establece una analogía más o menos arbitraria y subjetiva:

> ...la gravedad aristocrática de las botellas de Burdeos, que guardaban su aromático licor *como un secreto...* (R, 350).

> Y lo peor es que me aprieta, me ahoga... ¡*parece un remordimiento* esta corbata! (A, 868).

Señala Ullmann que las transposiciones de lo concreto a lo abstracto son excepcionales y que tienden a tener un carácter ar-

La selección de un término de comparación puede estar motivada por la intuición artística de la forma, aunque también se adviertan otras implicaciones obvias en las analogías:

> O. F. decían dos letras *enroscadas como culebras* en el lema del sobre. 'De parte de doña Obdulia', había dicho el criado (R, 24).

La culebra, pese a ser un animal repulsivo por naturaleza, parece en este caso prestar al símil únicamente su aspecto físico. Pero no debe suponerse que, con la capacidad de ironía que le distingue, Clarín pudiera pasar por alto la afinidad que existe entre los términos culebra-serpiente-mujer tentadora, probablemente implícita también en esa analogía.

El predominio de la motivación visual se hace más evidente y la connotación adversa aún más sutil en la transposición, por cierto bastante tópica, que aparece en «¡*Adiós, Cordera!*»:

---

tificial. Y añade: "Estas figuras deben su expresividad al hecho mismo de que son insólitas y van en contra de nuestros hábitos de pensamiento: en lugar de presentar una experiencia abstracta en términos concretos, como estamos acostumbrados a hacer, siguen el camino inverso y 'desmaterializan los objetos concretos, asimilándolos a fenómenos abstractos'". *Lenguaje*, pág. 225. En los ejemplos de esta clase que encontramos en las comparaciones de Clarín, más bien que un tono artificial, se advierte un matiz absurdo, levemente humorístico.

Tardó mucho en gastarse aquella emoción de contemplar la marcha vertiginosa, acompañada del viento, de *la gran culebra de hierro* que llevaba dentro de sí tanto ruído y tantas castas de gentes desconocidas, extrañas (812).

Pero de acuerdo con el contexto de la narración en que se emplea, donde el ferrocarril, más bien que un símbolo de progreso, es fuente de todo mal para los felices e ingenuos personajes, la nota pérfida que subyace en la imagen de la culebra, aunque más leve, parece estar también presente. Y es que hay que convenir en que cada analogía tiene un carácter distinto, que no depende tanto del término de comparación seleccionado, en muchos casos ambiguo, como de la intención subjetiva del artista, que es la que en definitiva determina la naturaleza de la relación establecida. Y así, en otros casos, la imagen de la culebra trasciende su forma física y se convierte, única o primordialmente, en un símbolo de maldad bien definido:

yo había soñado que ya no era Vetusta para mí cárcel fría, ni *semillero de envidias que se convierten en culebras* (R, 333).

Mas el rostro de Serafina volvió a asustarle. Aquella mujer tan hermosa, que era la belleza con cara de bondad para Bonis..., *le pareció de repente una culebra.* La vió mirarle con *ojos de acero*, con miradas puntiagudas; le vió arrugar las comisuras de la boca de un modo que era símbolo de crueldad infinita; le vió pasar por los labios rojos *la*

punta finísima de una lengua jugosa y muy agu-
da..., y, con el presentimiento de *una herida en-*
venenada, esperó las palabras pausadas de la mujer... (Suh, 712).

En algunas comparaciones con animales repulsivos,
la motivación ética aparece mucho más obvia y las imágenes auditivas o visuales, lejos de responder a una realidad objetiva, funcionan como resonadores expresivos
que transparentan la aversión del autor:

> Una noche le llamó la atención un *ruido de col-*
> *mena* que venía de la parte de la catedral. Oyó
> cohetes. ¿Qué era aquello? La torre estaba ilumi-
> nada con vasos y faroles a la veneciana. A sus
> pies, en el atrio, estrecho y corto, ... se agolpaba
> una multitud confusa, *como un montón de gusa-*
> *nos negros.* De aquel *fermento humano* brotaban,
> *como burbujas,* gritos, carcajadas, y un zumbido
> sordo *que parecía el ruido de la marea de un mar*
> *lejano* (R, 443).

La connotación moral de las analogías *multitud con-*
fusa-gusanos negros-fermento humano y su estrecha relación con la idea del pecado se subraya más adelante
en el contexto mediante expresiones que se refieren a la
muchedumbre apiñada al pie de la torre con metáforas
y alusiones severas y degradantes:

> 'Ya sabía lo que era. Los católicos celebraban
> un aniversario religioso. Pero ¿cómo? ¡Oh ludi-
> brio!' ... Lo mejor y lo peor de Vetusta estaba allí

amontonado ... la flor y la nata del paseo del *boulevard*, aquel gran mundo del andrajo, con sus hedores de miseria, se codeaba, ... con la Vetusta elegante del Espolón y de los bailes del Casino; y para colmo del escándalo... la juventud dorada del clero vetustense, todos aquellos 'licenciados de seminario' ... paseaban también por allí, apretados, prensados, con sus manteos y todo, en aquel embutido de carne lasciva, a oscuras, casi sin aire que respirar, sin más recreo que el poco honesto de sentir el roce de la especie, el instinto del rebaño, mejor de la piara. Y separando los ojos de 'aquella podredumbre en fermento, de aquella *gusanera inconsciente*, volviólos Guimarán a lo alto, y miró a la torre, que con un punto de luz roja señalaba al cielo...' Aquí no hay nada cristiano, pensó más que ese montón de piedras!' (443. Los subrayados son del autor).

La intensa repulsión del personaje tiene dos puntos focales, que concentran el disgusto ante el amontonamiento de gentes de distintas clases o niveles, y la abominación ante el pecado de lascivia, que Alas percibe latente en toda aglomeración humana. Metáforas de fuerte contenido animalizante como *el rebaño y la piara*, y violentas antítesis: *Lo mejor y lo peor; la flor y nata del paseo del boulevard - la Vetusta elegante ... la juventud dorada del clero vetustense*, sirven de trasfondo a las más despectivas y condenatorias transposiciones que el autor pudo imaginar; *aquel gran mundo del andrajo; aquel embutido de carne lasciva; aquella podredumbre en fermen-*

to; *aquella gusanera inconsciente* (32). Y el fragmento culmina en una dramática contraposición entre la muchedumbre aglomerada como un *montón de gusanos* y la torre de la catedral, representada por otra metáfora que funciona como un eco sinfónico invertido, y repite la misma fórmula: *ese montón de piedras*.

Gusanos y sapos, como oscuros símbolos polivalentes de todo lo repulsivo o degradado constituyen motivos recurrentes en la imaginería clariniana. Y a veces resulta difícil determinar la naturaleza física o moral de las comparaciones que se basan en la aversión que inspiran (33). En un ensayo crítico sobre «La Terre», de Zola, emplea Clarín las analogías hombre-gusano-sapo, y las explica como consecuencia de un apego a la tierra, ancestral y primitivo, que degenera en codicia:

---

(32) La asociación mental entre pecado de sexualidad o de lascivia y gusanos o podredumbre, que ya se ha señalado antes, es una constante en la imaginería de Alas. Aparece a veces muy explícita: "¡Ah! Porque ella estaba tocada *del gusano maldito, del amor de los sentidos*; porque ella estaba rendida a don Alvaro, si no de hecho con el deseo... porque ella *era pecadora* (R, 441). Y se hace también muy nítida en los pasajes que se refieren a las pesadillas de Ana Ozores, en los que se prodigan imágenes tan impresionantes como: "*larvas asquerosas, descarnadas*, cubiertas de casullas de oro, capas pluviales y manteos, que, al tocarlos, eran *como alas de murciélago*" y en los que se define el infierno con una metáfora atributiva que extrema el motivo de lo podrido: "Era así... *la podredumbre de la materia para los espíritus podridos*..." (R, 326). Véase también la pág. 235 de este trabajo.

(33) Acerca de la significación del motivo de los sapos en *La Regenta* véanse las interesantes observaciones de Francés Weber, "The Dynamics of Motif", págs. 198-99.

La Terre de Zola es el campo..., más el hombre...; *la vermine,* como él dice tantas veces. La tierra más el gusano... Estos aldeanos de Zola... se diría que tienen todos un aire de familia con el terruño pardo.

Si en otro siglo serían siervos de la gleba por la fuerza, ahora lo son por la codicia. No basta decir la codicia; es una codicia que toma tornasoles de amor y de manía; una codicia vegetativa que acerca las almas de estos seres a la condición sedentaria de las plantas. *Son lombrices de tierra; son como esos pobres sapos que confundimos con el piso fangoso y negruzco, de cuya substancia parece que acaban de nacer cuando saltan a nuestro paso* (LT, 1131-32 los subrayados que destacan las comparaciones son nuestros).

Y más adelante insiste en la irremediable abyección humana y, haciendo suyas unas tremendas palabras de Zola, vuelve a emplear el paralelo hombre-gusano:

El habitante de la hermosa Naturaleza la mancilla. No es su adorno, como en los cuadros de Poussin; es su carcoma (34), ... *'la vermine sanguinaire et puante des villages deshonorant* (sic) *la terre'.* Y, además de mancillar el suelo que le sustenta, profana el amor que le crea y la familia que le perpetúa en la especie (1134).

_____

(34) La analogía hombre-carcoma es una más en la relación de paralelos desvalorizadores que Clarín aplica al ser humano, al que a través de sus personajes, parece siempre despreciar: "imaginarse a los hombres *como infusorios*" (R, 12); "también él veía

La imagen de los sapos, dentro de su connotación siempre adversa, provoca analogías más recónditas e inexplicables. A veces es su canto el que despierta en el autor extrañas reminiscencias:

> Se estremeció de frío. Volvió a la realidad. Todo quedó en la sombra. El sol ocultaba entre nubes pardas y espesas, detrás de la cortina de álamos, el último pedazo de su lumbre, que se le había quedado atrás, *como un trapillo de púrpura.* La sombra y el frío fueron repentinos. Un coro estridente de ranas despidió al sol desde un charco vecino. *Parecía un himno de salvajes paganos a las tinieblas que se acercaban por Oriente* (R, 139).

Frío, sombra, nubes pardas, la imagen del crepúsculo, degradada por un símil despectivo, y *un charco* son los elementos, todos negativos, que sirven de marco a una comparación que asocia las ideas de paganismo y de *tinieblas,* haciéndolas cognadas a la noción de *realidad.* Los elementos larvados en esa analogía se desarrollan más adelante, y la extraña relación canto de sapos-himno pagano se hace más evidente:

---

a los vetustenses *como escarabajos*" (14); "sus viviendas viejas y negruzcas, aplastadas, las creían los vanidosos ciudadanos palacios, y eran *madrigueras, cuevas, montones de tierra, labor de topo* " (41); "Don Fortunato es *una malva...* no es un obispo, es *un borrego, pero...*" (175); Y, sobre todo, aquel demonio de obispo, abrumándole con su humildad, recordándole nada más que con su presencia de *liebre asustada* toda una historia de santidad... ¿A quién dominaba él? ¡A *escarabajos!*" "—¿Que hay? — gritó con voz agria, levantando la cabeza y mirando a *los escarabajos que tenía enfrente*" (198).

La noche estaba hermosa; acababan de desvanecerse las últimas claridades pálidas del crepúsculo... La brisa se dormía, y el silbido de los sapos llenaba el campo de perezosa tristeza, *como cántico de un culto fatalista y resignado* (R, 241) (35).

En cambio es bastante obvio que la imagen física del sapo, como una sensación tactíl desagradable, sintetiza en algunas transposiciones las ideas de repugnancia material ante lo viscoso o pegajoso y de intensa repulsión hacia la necedad, la vileza o el pecado:

Estos versos, que ha querido hacer ridículos y vulgares, manchándolos con su baba, la necedad prosáica, pasándolos mil y mil veces por sus labios *viscosos como vientre de sapo* (R, 285).

De Pas estaba pensando que los miserables, por viles, débiles y necios que parezcan, tienen en su maldad una grandeza formidable. '¡*Aquel sapo, aquel pedazo de sotana podrida* sabía dar aquellas puñaladas!' (429).

El magistral no era el hermano mayor del alma, era un hombre que debajo de la sotana ocultaba

_____

(35) Otra referencia al canto de los sapos aparece en cierto pasaje en el que los personajes se entregan a una exaltada adoración al campo, que Clarín califica explícitamente de "'éxtasis naturalista" y de "culto poético a la Naturaleza"; "Los sapos cantaban en los prados, el viento cuchicheaba en las ramas desnudas, que chocaban alegres, inclinándose, preñadas ya de las nuevas hojas; y Ana... olfateaba en el ambiente los anuncios inefables de la primavera" (R, 332).

pasiones, amor, celos, ira... ¡La amaba un canónigo! Ana se estremeció *como al contacto de un cuerpo viscoso y frío* (433).

Las implicaciones éticas de la imagen del sapo como
símbolo de lo pervertido o degradado se hacen aún más
nítidas al final de *La Regenta,* donde el autor dramatiza
la caída física y moral de la Ozores con una impresionante analogía basada en la relación beso lascivo-contacto
físico repulsivo:

> Ana volvió a la vida rasgando las tinieblas de
> un delirio que le causaba náuseas. Había creído
> sentir sobre la boca *el vientre viscoso y frío de
> un sapo* (R, 554).

En ocasiones, la relación que fundamenta la analogía
alude a la semejanza que el autor percibe entre las cualidades morales o la conducta de un personaje y las características que convencionalmente se atribuyen a un animal
determinado, y entonces, implícita en la imagen visual,
se encuentra una interesante modalidad de caricatura psicológica:

> Teresina entraba y salía sin hacer ruido, *como
> un gato bien educado* (R, 245).

> ... desafiando al mundo entero con una mirada
> de... no se puede decir de águila, porque si a la
> de algún volátil *tiene que parecerse* la mirada de
> don Casto será *a la de la codorniz sencilla* (A, 857).

La semejanza que Clarín percibe entre los términos que compara puede referirse a gestos o actitudes y las imágenes que provoca en la mente del lector suelen ser dinámicas y extraordinariamente vívidas:

> De uno de estos escondites [confesionarios] salió, al pasar el provisor, *como una perdiz levantada por los perros*, el señor don Custodio el beneficiado (R, 20).

> Reyes abrió la puerta, procurando evitar el menor ruído... Se sentó *con movimientos de gato silencioso y cachazudo*; apoyó los codos en el antepecho y procuró distinguir los bultos que, como sombras en la penumbra, cruzaban por el oscuro escenario (Suh, 574).

Pero a veces el propósito artístico de las comparaciones se limita a subrayar los rasgos físicos que se destacan en la apariencia externa de una criatura, proyectados de acuerdo a la visión satírica de los seres y las cosas que prevalece en el proceso perceptivo del autor:

> Era don Cayetano un viejecillo de setenta y seis años, vivaracho, alegre, flaco, seco, de color de cuero viejo, arrugado como un pergamino al fuego, y el conjunto de su personilla recordaba, sin que se supiera a punto fijo por qué, la silueta de un buitre de tamaño natural; aunque, según otros, más se parecía a una urraca o a un tordo encojido y desplumado. Tenía, sin duda, mucho de pájaro en figura y gestos, y más, visto en su sombra. Era

anguloso y puntiagudo, usaba sombrero de teja de los antiguos, largo y estrecho, de alas muy recogidas, a lo don Basilio, y como lo echaba hacia el cogote, parecía que llevaba en la cabeza un telescopio; era miope, y corregía el defecto con gafas de oro montadas en nariz larga y corva. Detrás de los cristales brillaban unos ojuelos inquietos, muy negros y redondos. Terciaba el manteo a lo estudiante, solía poner los brazos en jarras..., extendía la mano derecha y formaba un anteojo con el dedo pulgar y el índice. Como el interlocutor solía ser más alto, para verle la cara Ripamilán torcía la cabeza y miraba con un ojo solo, como también hacen las aves de corral con frecuencia (R, 29-30).

La estructura de las comparaciones que matizan esta pintoresca estampa descriptiva es muy variada, y esa diversidad obviamente contribuye a evitar la monotonía inherente a la forma externa de los símiles. Pero, además, las fórmulas introductorias que se alternan: *como un*; *recordaba, sin que se supiera a punto fijo por qué*; *según otros, más se parecía* funcionan como tanteos expresivos de diversos grados de semejanza, que van precisando los paralelos hasta integrarlos, como un atributo, en la persona del sujeto descrito: *Tenía, sin duda, mucho de.* La naturaleza física de las analogías que se establecen se evidencia mediante locuciones que implican color, textura, forma o apariencia: *de color de cuero viejo*; *arrugado*; *silueta*; *de tamaño natural*; *encojido y desplumado*; *en figura y gestos*; *visto en su sombra*. El autor combina artísticamente su habilidad para captar los gestos y su tendencia a percibir analogías, convirtiéndolas en imágenes visuales muy precisas: *Terciaba el manteo a lo estudiante; solía poner los brazos en jarras; extendía la mano derecha y formaba un anteojo con el dedo pulgar y el índice; torcía la cabeza y miraba con un ojo solo, como también hacen las aves de corral con frecuencia.* La variedad y la indeterminación de los términos de comparación que Alas emplea: *un buitre; una urraca; un tordo; aves de corral,* se concreta en una imagen genérica, compuesta de rasgos comunes y externos, que culminan en la apariencia general de un *pájaro* y se subraya con detalles cognados: *nariz larga y corva; unos ojuelos inquietos, muy negros y muy redondos* (36). La nota afectiva que aportan al fragmento los diminutivos *viejecillo, personilla* y los adjetivos *vivaracho, alegre,* excluye al conjunto de cualquier intención adversa o desvalorizadora y neutraliza los efectos levemente irónicos y deshumanizantes que surgen de las comparaciones con animales, confirmando el carácter pictórico de esta espléndida caricatura literaria.

Cuando esa relación impresionista y enteramente visual entre los términos comparados es muy ajena a las analogías establecidas por las convenciones tradicionales, puede parecer ilógica o, por lo menos, resultar sorprendente. La comparación de remolinos de basura con mariposas en movimiento, de naturaleza totalmente objetiva,

---

(36) Otra alusión que insiste en el parecido genérico de don Cayetano con pájaros de diversa índole aparece más adelante, cuando Ana, a la vista de *un gorrión,* se acuerda del arcipreste, *que tenía el don de parecerse a los pájaros* (R, 137).

contradice la imagen poética y delicada que le corresponde a esas frágiles y bellas criaturas de la naturaleza, y
presenta un matiz extraño, un tanto artificioso:

> En las calles no había más ruido que el rumor
> estridente de los remolinos de polvo, trapos, pajas
> y papeles que iban revolando y persiguiéndose *co-
> mo mariposas* que se buscan y huyen y que el aire
> envuelve en sus pliegues invisibles (R, 7).

En un extremo opuesto, las comparaciones con elementos de la naturaleza responden a veces a una visión
subjetiva, que relaciona los objetos de la realidad externa con el mundo interior del hombre. Y la profunda de-
cepción de un ser humano traicionado puede proyectar
en el paisaje imágenes expresionistas adversas, que reflejan su condenación y su desolada amargura:

> El cielo estaba oscuro por aquel lado, bajas las
> nubes, que, *como grandes sacos de ropa sucia, se
> deshilachaban* sobre las colinas de lontananza; a
> la derecha, campos de maíz, ahora vacíos, enseña-
> ban la tierra, negra con la humedad; entre las man-
> chas de las tierras desnudas aparecía el monte ba-
> jo; de trecho en trecho las pomaradas, ahora tris-
> tes con sus manzanos sin hojas, con sus ramos afi-
> lados, *que parecían manos y dedos de esqueleto...*
> Sobre el horizonte, hacia el mar, se extendía una
> franja lechosa, uniforme y de un matiz constante.
> Sobre los castañares, *que semejaban ruinas* y mos-
> traban descubiertos los que eran en verano miste-
> rios de su follaje, sobre los bosques de robles y
> sobre los campos desnudos y las pomaradas tristes
> pasaban de cuando en cuando... bandadas de cuer-

vos que iban hacia el mar, *como naúfrago⁈ en la niebla,* silenciosos a ratos y a ratos lamentándose con graznar lúgubre que llegaba a la tierra apagado, *como una queja subterránea* (R, 521) (37).

En algunas de estas comparaciones, los elementos de la naturaleza se humanizan para fundirse, en impresionante simbiosis, con estados anímicos desolados:

Las nubes pardas, opacas, anchas como estepas venían del Oeste, tropezaban con las crestas de Corfín, se desgarraban, y deshechas en agua caían sobre Vetusta, unas en diagonales vertiginosas, *como latigazos furibundos, como castigo bíblico*; otras, cachazudas, tranquilas, en delgados hilos verticales. Pasaban, y venían otras, y después otras que parecían las de antes, que habían dado la vuelta al mundo para desgarrarse en el Corfín otra vez. La tierra fungosa se descarnaba *como los huesos de Job*; sobre la tierra se dejaba arrastrar por el viento perezoso la niebla lenta y desmayada, *semejante a un penacho de pluma gris*; y toda la campiña, entumecida, desnuda, se extendía a lo lejos, inmóvil *como el cadáver de un náufrago que chorrea el agua de las olas que le arrojaron a la orilla.* La tristeza resignada, fatal, *de la piedra que la gota eterna horada,* era la expresión muda del valle y del monte; la Naturaleza muerta parecía esperar que

(37) De acuerdo a una tendencia muy consistente en el sistema expresivo clariniano, el tono pesimista de las transposiciones subrayadas en este fragmento aparece intensificado por un vocabulario cognado a la idea de la desolación y la tristeza: *oscuro*; *vacíos*; *negra*; *manchas*; *tristes*; *sin hojas*; *silenciosos*; *lamentándose*; *lúgubres*; *apagado*.

el agua disolviera su cuerpo inerte, inútil. La torre
de la catedral aparecía a lo lejos, entre la cerrazón,
como un mástil sumergido. La desolación del campo era resignada, poética en su dolor silencioso;
pero la tristeza de la ciudad negruzca, donde la hu-
medad sucia rezumaba por tejados y paredes agrie-
tados, parecía mezquina repugnante, chillona, como *canturria de pobre de solemnidad*. Molestaba,
no inspiraba melancolía, sino un tedio desesperado (R, 303) (38).

Las analogías que Alas percibe entre las criaturas humanas y los elementos de la naturaleza son reversibles,
y a veces los símiles deshumanizan y aun cosifican a un
personaje, integrándolo al mundo animal o vegetal, en
un empeño abstracto de expresar artísticamente la unidad fundamental de todo lo creado:

Se había destocado [Frígiles], y su cabello, espeso, de color montaraz, cortado por igual, *parecía
una mata, una muestra de las breñas*. Cerraba los
ojos grises y arrugaba el entrecejo; le enojaba la
luz, tropezaba con los muebles, olía al monte; traía
pegada al cuerpo la niebla de las marismas y parecía rodeado de la oscuridad y la frescura del campo. *Tenía algo de la fiera que cae en la trampa, del*

---

(38) Este fragmento, muy representativo de la estética y de las
motivaciones clarinianas, el tono dramático de las comparaciones
se apoya también en adjetivos y verbos de fuertes contenidos adversos, y todo el fragmento revela una actitud fatalista, de exas-
perado pesimismo, que el autor proyecta en el paisaje, a la manera
romántica.

murciélago que entra por su mal en vivienda humana llamado por la luz ...(R, 320).

Ana envidiaba en tales horas aquella existencia *de árbol inteligente,* y se apoyaba y casi recostaba en *Frígiles como en una encina venerable* (332).

Berta se quedó sola con Sabel y el gato, y empezó a envejecer de prisa, hasta que se hizo de pergamino, y comenzó a vivir *la vida de la corteza de un roble seco* (DB, 729).

Poco a poco, doña Berta había ido escogiendo, sin darse cuenta, batas y chales *del color de las hojas muertas* (731).

—Amigo mío— dijó la anciana, poniéndose en pie y secando las últimas lágrimas con los flacos dedos *que parecían raíces* (735).

Algunos objetos del mundo físico provocan en la imaginación de Alas analogías tan diversas que no pueden explicarse sino como un esfuerzo artístico por expresar lo inefable. La torre de la catedral de Vetusta, motivo muy relevante en *La Regenta,* inspira a Clarín una compleja serie de metáforas y símiles de muy distinta naturaleza, como si se tratara de un símbolo ambiguo, proyectado desde distintas perspectivas. Aparece primero idealizada mediante metáforas apositivas del tipo emotivo: *poema romántico de piedra; delicado himno.* Y luego presentada como una imagen física, complementada por una obvia alusión a su trascendencia simbólica: *aquel ín-*

dice de piedra que señalaba al cielo. Las comparaciones que la humanizan son todas de naturaleza física, basadas en analogías de carácter visual: *Haz de músculos y nervios*; *acróbata*, que hace *equilibrios en el aire* y *prodigio de juegos malabares*. Pero después, engalanada con adornos frívolos, se materializa aún más y toma *los contornos de una enorme botella de champaña*. La indecisión del autor la ve más adelante como una imagen sagrada:

> Mejor era contemplarla en clara noche de luna resaltando en un cielo puro, *rodeada de estrellas que parecían su aureola*.

Y en seguida como una imagen confusa e inquietante:

> doblándose en pliegues de luz y sombra, fantasma gigante que velaba por la ciudad pequeña y negruzca que dormía a sus pies (R, 7 y 8).

Y esa contraposición de una imagen idealizada y religiosa, y su distorsión en la sombra, que la convierte en fantasma, se reitera en otra parte:

> La silueta de la catedral, que a la luz de la clara noche se destacaba con su espiritual contorno, transparentando el cielo con sus encajes de piedra, *rodeada de estrellas como la Virgen de los cuadros*, en la oscuridad ya no fue más que *un fantasma puntiagudo*; más sombra en la sombra (155) (39).

---

(39) La ambigüedad que prevalece en las referencias que hace Clarín a la torre de la catedral se comprueba en otra interesante

La delicada metáfora *encajes de piedra* se repite más tarde en una preciosa estampa impresionista, que ofrece una visión de la torre puramente estética, embellecida y ajena a toda alusión adversa:

> Recordó... aquella tarde de sol que era una fiesta del cielo; la torre de la catedral allá arriba, como en la cúspide de un monumento, *encaje de piedra oscura* sobre fondo de naranja y de violeta de un cielo suave, listado, de nubes largas, estrechas, ondeadas, quietas sobre el abismo (327).

Pero otras veces, las comparaciones son muy intencionadas, y se hace evidente su profundo y desastroso significado:

> La torre de la catedral aparecía a lo lejos entre la cerrazón, *como un mástil sumergido* (303).

O funciona como una recóndita alusión nefasta, que oscuramente refleja los temas:

---

alusión que la humaniza, al compararla con don Fermín de Pas y contrapone, como siempre, las nociones de espíritu y materia: "... el magistral volvió a ser la imagen de la mansedumbre cristiana, fuerte, pero espiritual, humilde: seguía siendo esbelto, pero no formidable. Se parecía un poco a su querida torre de la catedral también robusta, también proporcionada, esbelta y bizarra; *mística, pero de piedra* (171-72. *Los subrayados son míos*).

y Vetusta se quedaba allá lejos, tan lejos, que detrás de las lomas y de los árboles desnudos ya sólo se veía la torre de la catedral, *como un gallardete negro* destacándose en el fondo blanquecino de Corfín, envuelto en la niebla que el sol tibio iluminaba de soslayo (520).

Aunque en el sistema expresivo de Alas predomina la búsqueda de una expresión trascendente, algunas de sus transposiciones responden a una visión artística objetiva, que intenta presentar la realidad aparencial, sintetizada en sus formas, reflejos, sonidos y colores. A esta modalidad corresponde la tendencia a inmovilizar la figura humana, describiéndola en actitudes teatrales, que evocan cuadros vivos estáticos:

> Ana corrió con mucho cuidado las colgaduras granate, como si alguien pudiera verla desde el tocador. Dejó caer con negligencia su bata azul con encajes crema, y apareció blanca toda, como se la figuraba don Saturno poco antes de dormirse, pero mucho más hermosa que Bermúdez podía representársela. Después de abandonar todas las prendas que no habían de acompañarla en el lecho, quedó sobre la piel de tigre... Un brazo desnudo se apoyaba... en la cabeza, algo inclinada, y el otro pendía a lo largo del cuerpo, siguiendo la curva graciosa de la robusta cadera. *Parecía una impúdica modelo olvidada de sí misma en una postura académica impuesta por el artista* (R, 43) (40).

_____

(40) Las analogías que se refieren a la belleza de Ana Ozores están casi siempre relacionadas con las artes plásticas o pictóricas. Véanse págs. 75 y 129.

Teresina apareció en el umbral, seria, con la mirada en el suelo, *con la expresión de los santos de cromo* (172).

En la puerta se detuvo, miró a Petra mientras se embozaba, y la vió con los ojos fijos en el suelo, con una llave grande en la mano, esperando que pasara él para cerrar. *Parecía la estatua del sigilo* (301).

Pero a veces estos cuadros vivos son animados y en el tono de los símiles que se prodigan para describir una actitud corporal, se percibe un matiz irónico, que distorsiona la figura humana y convierte la estampa en caricatura:

hasta la inclinación de cabeza a que le obligaba el tañer, inclinación que Reyes exageraba, contribuía a darle *cierto parecido con un bienaventurado*. Reyes, tocando la flauta, *recordaba un santo músico de un pintor prerrafaelista...* los ojos, azules claros, grandes, dulces, buscaban, *como los de un místico*, lo más alto de su órbita; pero no por esto miraban al cielo, sino a la pared de enfrente, porque Reyes tenía la cabeza gacha *como si fuera a embestir...* En los *allegros* se sacudía con fuerza y animación... los ojos, antes sin vida y atentos nada más a la música, cobraban ánimo, y tomaban calor y brillo, y mostraban apuros indecibles, *como los de un animal inteligente que pide socorro*. Bonifacio, en tales trances, *parecía un náufrago ahogándose y que en vano busca una tabla de salvación*; la tirantez de los músculos del rostro, el rojo que encendía las mejillas y aquel afán de la mirada, creía Reyes que expresarían la intensidad de sus impresiones... *pero más parecían signos de una irremediable afixia*; hacían pensar en la apoplejía, en cualquier terrible crisis fisiológica, pero no en el hermoso corazón del melómano, sencillo *como el de una paloma* (Suh, 559-60) (41).

Las imágenes de luces, sonidos y colores, son a menudo impresionistas:

La sierra estaba al Noroeste, y por el Sur, que dejaba libre a la vista, se alejaba el horizonte, señalado por siluetas de montañas desvanecidas en la niebla que deslumbraba *como polvareda luminosa* (R, 9).

... allá abajo, en la vega, una orla de álamos que *parecía en aquel momento de plata y oro*, según la iluminaban los rayos oblicuos del sol poniente... los prados, de un verde fuerte, con tornasoles azulados, casi negros, *parecen de tupido terciopelo*. Reflejando los rayos del sol, en el ocaso, deslumbran. Asi brillaban entonces. Ana entornaba los ojos con delicia, *como bañándose en la luz tamizada por aquella frescura del suelo* (134).

El sol sesgaba el ambiente, en que *parecía flotar polvo luminoso*, detrás del cual aparecía el Cor-

---

(41) Un estudio específico de los símiles que Clarín emplea en *Su único hijo* revelaría un notable predominio de términos de comparación exagerados, cómicos o simplemente banales, que proyecta sobre la novela un sostenido tono de irónica burla.

fín con un tinte cárdeno... Ana contemplaba las laderas de la montaña, iluminada *como por luces de bengala* (135) (42).

Setos y madreselva y zarzamora orlaban el camino, y, de trecho en trecho, se erguía el tronco de un negrillo, robusto y achaparrado, de enorme cabezota, *como un as de bastos,* con algunos retoños en la calvicie, varillas débiles que la brisa sacudía, haciendo resonar *como castañuelas* las hojas solitarias de sus extremos (234).

a veces, ráfagas vivas movían *como sonajas de panderetas* las hojas que empezaban a secarse y sonaban con timbre metálico (150).

Pero con mucha más frecuencia, el autor se siente atraído por analogías alusivas y evocadoras, y sus transposiciones, aunque parezcan basadas en imágenes visuales objetivas, llevan implícitos en sus términos problemas de contenido o transparentan una actitud expresionista. Y los elementos de la realidad externa pueden apa-

---

(42) La actitud impresionista con que Clarín percibe la luz y los colores del paisaje aparece muy clara en algunos pasajes de su obra: "Una tarde de agosto, cuando ya el sol no quemaba y de soslayo sacaba brillo a la ropa blanca tendida en la huerta en declive, y *encendía un diamante en la punta de cada hierba,* que cortada al rape por la guadaña, *parecía punta de acero...*". Y a veces él mismo la explica como un propósito artístico de carácter pictórico: "Era un pintor... y a solas con su musa, la soledad, recorría los valles y vericuetos asturianos... en busca de luz, de matices del verde de la tierra y de los grises del cielo (DB, 730 y 731).

recer ennoblecidos por una comparación de tono elevado:

> Hasta el señor obispo... más de una vez se detuvo al pasar junto al niño, cuya cabeza dorada brillaba sobre el humilde trajecillo negro *como un vaso sagrado entre los paños de enlutado altar* (Els, 992).

O se desvalorizan para reflejar un ambiente sórdido:

> La luz cenicienta penetraba por todas las rendijas *como un polvo pegajoso y sucio* (R, 992).

La más bella imagen puede ser evocada con una metáfora alusiva a la miseria que da tono a una narración:

> Los últimos *trapos blancos* habían caído sobre calles y tejados (P, 827).

El olor deja de ser una realidad fisiológica, y una relación sinestética emotiva lo percibe como sonido:

> Aquel olor singular de la catedral, que no se parecía a ningún otro, olor fresco y de una voluptuosidad íntima, le llegaba al alma, *le parecía música sorda que penetraba en el corazón sin pasar por los oídos* (552).

Y los colores pueden evocar las más extrañas y recónditas analogías subjetivas:

El también parecía vestido para la muerte: su trajecillo blanco, de tela demasiado fresca para la estación, con muchas cintas, en bandas de colores, algo ajadas, tenían tanto de teatral como de fúnebre; parecía lucir el luto blanco de los niños que llevan al cementerio; *color de alegría mística* para el transeunte distraído e indiferente: *color de helada tristeza* para los padres (S, 787).

La interpenetración de las esferas abstractas y concretas, tan característica del procedimiento expresivo clariniano, extrema de este modo la simbiosis entre lo físico y lo moral, provocando complejas asociaciones mentales que rebasan con sus implicaciones las nociones sensoriales.

CONCLUSION

La característica fundamental del estilo de Leopoldo Alas, considerado en su conjunto, es una extraordinaria fuerza creativa que se apoya, básicamente, en la capacidad de objetivación de su lenguaje. Un primer aspecto de esa facultad creadora es la riqueza y la variedad del vocabulario que el autor maneja. Su exuberancia léxica se manifiesta, primeramente, en un notable fenómeno de sinonimia o cuasi-sinonimia, que le permite expresar una misma idea con gran diversidad de tonos o matices, en artística correspondencia con los distintos ambientes, situaciones o personajes que se propone representar. Pero la versatilidad del vocabulario clariniano, aunque de hecho sirve de instrumento al mimetismo, es mucho más que un procedimiento expresivo, y responde a la riqueza conceptual del autor y a su vasta erudición.

En la prosa de Alas convergen, en una espléndida síntesis, las diversas corrientes lingüísticas, filosóficas y literarias que caracterizaron al siglo XIX español, ninguno más complejo e inestable en la historia de las ideas y del conocimiento humano. El vocabulario de Clarín incluye, en proporciones variadas, elementos retóricos, giros arcaicos, extranjerismos y léxico especializado relativo a las ciencias, las artes, la religión, el derecho, la política o la economía. Y, por otra parte, muestra la influencia de las preferencias lingüísticas que tuvieron los clásicos, los románticos y los naturalistas. Pero si se atiene uno a un criterio cuantitativo, hay que convenir en que, por sobre todos esos elementos, se destaca en su léxico el lenguaje común o familiar, matizado de los giros y modismos de la lengua hablada, adoptada por Clarín de acuerdo a una tendencia generalizada en su época y como una actitud lingüística espontánea y natural, reflejo genuino de la vida en el arte.

Para resumir en una somera evaluación los matices expresivos de esos distintos elementos que se advierten en el vocabulario clariniano, conviene canalizarlos en dos direcciones predominantes: el léxico erudito, eco y trasfondo de un nivel intelectual específico en su tiempo y espacio; y el lenguaje coloquial, documento vivo de un ambiente real y concreto, al par que válvula de escape de la expresión personal de autor.

La erudición que enriquece el léxico de Alas tiene, a su vez, dos vertientes en el tiempo y en el espacio. Lo antiguo y lo moderno, lo clásico y lo folklórico, lo español y lo foráneo aparecen en su vocabulario en una simbiosis tan rica y compleja como la realidad misma que corresponde a una época de transición. En el aspecto artístico, el léxico erudito parece tener también dos propósitos y, de hecho, funciona en dos niveles bien definidos. En la vena seria, constituye un sustrato intelectual cargado de alusiones cultas, que contraponen a la vulgaridad de aquel presente los egregios arquetipos que el autor despliega sin cesar, en una a modo de elegía dedicada a los valores de un pasado literario glorioso y extinto; o a manera de homenaje a los nuevos prestigios del pensamiento moderno. Y en la modalidad paródica, viene a ser una riquísima fuente de ironía con la cual fustiga hasta los límites del sarcasmo la mediocridad del ambiente fatuo y provinciano que se propone satirizar en su obra. La pedantería y la incultura, vestidas de locuciones ampulosas, latinajos, lenguaje formulaico o extranjerismos, de preferencia franceses, componen un «personaje» inmaterial y colectivo que está casi siempre presente en sus novelas y cuentos. Los límites de esa ironía no aparecen siempre claros en el vocabulario de Alas, porque los giros retóricos o las alusiones cultas que el autor emplea en los pasajes narrativos o en las descripciones, aunque integrados al estilo indirecto, funcionan muchas veces como recurso artístico creador de ambientes que sirven de escenario o fondo a la pintura de sus personajes seudo cultos, amanerados o pedantes. Y esa facultad mimética del lenguaje clariniano dificulta y muchas veces impide la calificación de lo que constituye un hábito arraigado en el habla del autor y lo que en su vocabulario es reflejo de sus concepciones artísticas. Pero precisar el grado de intencionalidad o de inconsciencia que determina esos matices léxicos añade poco a su valoración estética y, en todo caso, lo que importa subrayar es que todo ello se integra, y forma parte de un peculiar y vigoroso sistema expresivo.

A veces la función del léxico especializado resulta muy relevante. En el caso de *La Regenta*, el asombroso acervo de vocabulario litúrgico y clerical que el autor posee le permite ofrecer una minuciosa documentación de las costumbres, ritos, vestiduras y objetos del culto católico, así como de la organización política y administrativa de la Iglesia, considerada como institución terrena. Y esa abundante información, que a veces aparece extremada, aparte de su valor ilustrativo, contribuye eficazmente a la creación de un ambiente clerical muy preciso y detallado, que sirve de trasfondo a toda la obra.

Otros elementos del léxico clariniano, como las referencias jurídicas o administrativas, sirven al propósito artístico de la caracterización de un personaje o de un nivel social determinado o, como en el caso del vocabulario romántico, parodian una época y un estilo de vida, o dan tono a un ambiente. Y toda esa diversidad de elementos, apreciada en su conjunto, constituye una artística mímesis de una realidad lingüística, y provoca una imagen muy clara del habla de una sociedad burguesa, española y provinciana, en un momento crucial de su evolución ideológica y cultural.

Aparte de esos componentes que pudiéramos llamar estructurales, y en su aspecto intrínseco, el léxico clariniano es una proyección de la personalidad del artista y se caracteriza por una extraordinaria intensidad. En la prosa de Alas los contenidos ideológicos parecen desbordar las posibilidades del lenguaje, y pugnan por rebasar las formas idiomáticas con un ímpetu expresivo que se manifiesta en el nivel léxico mediante la selección de palabras de significados enfáticos, muchas veces hiperbólicos. Esta modalidad, que genéricamente hemos denominado «el vocabulario de la pasión», incluye numerosas palabras de contenido negativo o adverso, muchas de ellas de significado despectivo o injurioso, que en su conjunto representan una consistente actitud de rechazo y condenación hacia el mundo exterior al artista. Y en esa misma tónica vehemente, hemos señalado también la abundancia de palabras de fuerte contenido sensual, que se contraponen a otras, igualmente numerosas, significativas de exaltada idealidad. La investigación de este asspecto del vocabulario clariniano revela una extraordinaria incidencia, comprobable a simple vista y a veces en una misma página, de ciertas palabras claves, que sin duda constituyen resonadores expresivos de la subjetividad del autor, pero que además, y esto es lo que atañe a nuestro estudio, funcionan como claves temáticas de sus concepciones literarias. Es obvio que este grupo léxico, por su propia naturaleza, contribuye a delinear el retrato sicológico del autor, y resultaría interesante corroborar con un recuento estadístico la recurrencia exacta de esas preferencias léxicas, para establecer su íntima relación con el sentir del hombre que de esa manera hablaba. Pero de acuerdo al propósito de este trabajo, nos limitamos a señalar, como resultado de una minuciosa observación del vocabulario de Alas, la presencia de una marcada dicotomía entre materia y espíritu, que resalta en la abundancia de vocablos alusivos a la contraposición erotismo-idealismo; el carácter definido y enfático de sus palabras; y la tónica negativa, intensamente pesimista y condenatoria de un vocabulario que, observado como una estructura, corresponde a la realidad también negativa y decadente que el artista ha objetivado en sus palabras.

La voluntad de objetivación que prevalece en el procedimiento artístico de Alas es una actitud estética suya bien definida y explícita. Con respecto al lenguaje, el autor la subraya mediante postulados dispersos a través de su obra —muchas veces a cargo de sus personajes— sobre lo que él llama la «plasticidad» de las palabras. Tuvo Clarín una obsesión por la forma concreta que recuerda vivamente la queja de Rubén Darío, que es además la queja eterna de todos los poetas, ante las limitaciones que impone el lenguaje a la creación poética («Yo persigo una forma que no encuentra mi estilo / ... y no hallo sino la palabra que huye»). Esa apasionada búsqueda de la palabra exacta, y más aún que exacta, la palabra imagen, que pueda representar las abstracciones con formas y colores tangibles, preside la expresión artística de Alas y ofrece distintas, pero muy consistentes manifestaciones en su lenguaje. Pero su preocupación por objetivar lo intangible, mucho más que un propósito estético, parece haber sido producto de una compleja metafísica que le inducía a percibir la trascendencia de las formas, al par que a intentar la materialización de los contenidos ideológicos o de los entes incorpóreos como la música, la poesía, el pensamiento y aun la presencia divina, que algunos de sus personajes procuran encontrar en la naturaleza.

Esa tendencia a fundir las dimensiones abstractas y concretas de los seres y las cosas es uno de los elementos más importantes del procedimiento creativo de Alas y en gran parte es la causa de la vitalidad que se advierte en sus concepciones artísticas. Producto de una pode-

rosa imaginación creadora y reflejo quizás de una posición estética correspondiente a su época, funciona como
un recurso generador de presencias, que permite al autor ofrecer una visión integral de los mundos creados.
Una de sus manifestaciones más eficaces es el intenso
proceso de sustantivación que resalta en su lenguaje, y
que se evidencia en el abundante empleo de formas verbales infinitivas, adjetivos sustantivados y frases sustantivas en función calificadora. De acuerdo a esa preferencia
por las formas sustantivas, en la cual coincide Alas con
los pioneros franceses del llamado impresionismo literario, los colores aparecen casi siempre en su obra percibidos como sustancias bien delimitadas por artículos, y a
menudo calificados por adjetivos o activados por verbos
que alteran su naturaleza adjetiva y los convierten en
agentes del proceso.

Un fenómeno reversible de interpenetración del mundo
físico y el mundo moral, desarrollado a través de las
interrelaciones de los sustantivos, adjetivos y verbos, favorece a la vez la inclinación de Clarín a representar en
imágenes concretas todo cuanto concibe su pensamiento
y su tendencia a la confrontación de los términos opuestos materia-espíritu, antes citada. En su procedimiento
artístico, el manejo de adjetivos y verbos humanizantes,
aplicados a sustantivos de materia, logra personificar las
cosas inanimadas, atribuyéndoles sentimientos o facultades espirituales y cualidades morales, mientras que, a su
vez, las abstracciones morales se personifican y actúan
como criaturas materiales y tangibles mediante el frecuente empleo de adjetivos y verbos antropomorfos aplicados

a sustantivos abstractos. Y de esa manera, la simbiosis entre las formas lingüísticas abstractas y concretas, que no es sino una de las facetas del intenso metaforismo que caracteriza el lenguaje de Alas, cumple a cada instante el postulado metafísico de que «todo es uno y lo mismo», al que el autor alude también explícitamente muchas veces.

La nota apasionada e hiperbólica y, dentro de ella, la tendencia negativa y pesimista que hemos señalado como predominante en el lenguaje de Alas, se confirma también en el empleo de las tres categorías de palabras examinadas en este estudio. Sustantivos y verbos animalizantes y otros de fuerte contenido adverso, adjetivos exagerados y, en general, palabras exaltadas y restallantes delatan de manera consistente una concepción extremista de la vida y el mundo, que puede percibirse fácilmente en los contenidos enfáticos y en las interrelaciones a menudo paradójicas o antitéticas de las palabras. Pero además resalta también en el empleo de adjetivos y verbos evocadores de un mundo oscuro, triste, desgarrado y podrido, intensamente voluptuoso y lascivo, en el que, para decirlo con una glosa de las palabras del autor mismo, la tierra parece que va a disolverse, las florecillas caen muertas y despedazadas, y la «bestia humana» pasea sus irrefrenables instintos olfateando con placer el pecado y la degradación.

En el ámbito de la sintaxis, la investigación de las preferencias de Alas muestra resultados en cierto modo paralelos a los que se desprenden del estudio de su vocabulario y que de nuevo autorizan a calificarle como un escritor de transición y de síntesis. En la composición de la frase clariniana hay que señalar una extraordinaria riqueza y variedad de formas, que incluye las más diversas modalidades sintácticas, desde las construcciones amplificatorias y retóricas hasta la frase nominal y pictórica, al estilo impresionista, con notable predominio de las formas paratácticas o yuxtapuestas. Pero la versatilidad de la sintaxis de Alas, más bien que a una evolución coincidente con las tendencias de su época a la simplificación de la prosa, obedece a una notable facultad mimética, que permite al autor adaptar su prosa a las exigencias de la caracterización, y componer vívidos retratos lingüísticos, en los que el genio satírico del artista alcanza muchas veces su clímax. Sintaxis y vocabulario convergen en este aspecto del arte clariniano y se combinan, lo mismo en el estilo directo que en el indirecto libre o lenguaje vívido, para ofrecer una espléndida sátira de los distintos niveles del habla correspondiente a una provincia española del XIX.

Ese fenómeno artístico de mimetismo sintáctico se advierte también en la adecuación de la frase al ritmo temporal que la narración impone, y a veces culmina en el alarde expresivo de adaptar la sintaxis al tiempo cronológico real que corresponde a los hechos narrados.

Otra característica importante de la sintaxis de Alas es la abrumadora presencia de esquemas enumerativos, que afectan con insistencia a todos los componentes de su prosa y pueden observarse lo mismo en las construcciones complejas, formadas por series de oraciones completas o de miembros de oraciones, que en las estructuras más simples, en las que se enumeran palabras aisladas. Los fundamentos de esta tendencia enumerativa no pueden determinarse con certeza, pero tanto si se trata de una reminiscencia clásica, que busca satisfacer una necesidad de balance o armonía, como si se debe a una exuberancia barroca o a un propósito realista de minuciosidad descriptiva, lo cierto es que el patrón enumerativo aparece sin cesar en la prosa de Alas, integrando una estructura prósica reiterativa y rítmica, en la que, además, las series provocan diversos efectos expresivos según la naturaleza de sus componentes.

Básicamente, las enumeraciones clarinianas propenden a una impresión de orden y de unidad dentro de lo múltiple o lo disímil. Pero, a su vez, la extraordinaria frecuencia de estos conjuntos y, dentro de ellos, la abundancia, a veces excesiva, y el carácter reiterativo de las palabras que componen las series provocan una impresión de exuberancia verbal que otra vez hace pensar en la desproporción que Clarín parecía encontrar entre lenguaje y pensamiento. La búsqueda a menudo infructuosa de la palabra exacta, que más aún que representar, pudiera dar forma plástica a sus concepciones artísticas, vuelve a percibirse en su sintaxis como una inagotable necesidad de expresión, y cristaliza en esas largas series de sustantivos, adjetivos o verbos, con las que el autor intenta agotar todas las posibilidades del lenguaje, en un apasionado empeño de trascender sus limitaciones.

Las funciones específicas de las series, varían de acuerdo a la índole de las palabras acumuladas. Los conjuntos de sustantivos plurales, por ejemplo, provocan una vívida impresión multitudinaria que constituye un elemento creativo importante en las novelas clarinianas, evocando la presencia tangible de cosas y criaturas indeterminadas que aparecen, como en un trasfondo, tras los personajes de los primeros planos.

Las enumeraciones de adjetivos, con frecuencia reiterativas, tienen una función pictórica y detallista, y en ellas se evidencia aún más la intención del autor de captar los más elusivos matices de las palabras. Y, por último, las enumeraciones de verbos, como es obvio, se relacionan con el tiempo y suelen acentuar el dinamismo de las acciones, pero por la naturaleza apasionada y casi siempre metafórica de los verbos clarinianos, a veces logran también alcanzar efectos hiperbólicos de intensa fuerza expresiva.

En los estratos sonoros de la prosa clariniana, las enumeraciones de formas lingüísticas afines resultan también funcionales, y determinan efectos rítmicos muy marcados. Construcciones binarias y ternarias, conjuntos paralelísticos con distintos grados de complejidad, quiasmos, y parodias rítmicas artísticamente elaboradas son otras tantas manifestaciones de esas estructuras repetitivas que, en el conjunto de la prosa de Alas, provocan una impresión armoniosa, de ritmos diversos, pero siempre balanceados. En un aspecto aún más concreto de los efectos sonoros, es fácil advertir en la prosa clariniana ciertos rasgos fónicos que, por su carácter esencialmente poético, eluden una calificación definida de sus funciones, pero que forman parte de la expresión artística del autor y no pueden pasarse por alto. Y a esta categoría corresponden frecuentes y notorias aliteraciones y asonancias, muchas veces provocadas también por la reiteración de formas gramaticales afines.

El estudio del sistema metafórico de Clarín ofrece también resultados coincidentes con los que se desprenden del análisis de las categorías de palabras aisladas en su lenguaje. Una concepción unitaria de la vida y el cosmos, manifestada en un empeño constante de interpenetración de las esferas abstractas y concretas en todos los niveles de su procedimiento expresivo; una visión negativa, escéptica y amargamente desolada acerca de la naturaleza pervertida de la criatura humana (gusanos, putrefacción, materia), en patético contraste con un profundo anhelo de idealidad y perfección, que se disuelve en impotencia y angustia; y una tendencia personal apasionada a la distorsión hiperbólica son, en apretado resumen, las coordenadas básicas de la expresión artística clariniana. Y todo ello se refleja en sus comparaciones, generalmente basadas en el predominio de la imaginación visual y, por lo mismo, muchas veces alegóricas. Muchas de las analogías que aparecen en la obra de Alas son monocordes y, en su profundo sentido, resultan iluminadoras. Pero, si por extremar la síntesis, tuviéramos que escoger un texto para explicar estilísticamente la estética, las concepciones éticas y la visión del mundo clarinianas, escogeríamos sin vacilar el fragmento ya comentado en la página 234 de este trabajo, en el que un personaje panteísta, que en *La Regenta* encarna la voz de la naturaleza misma, compara a Ana Ozores con un árbol enfermo. Flores y lodo, como símbolo de idealidad y de materia, se contraponen en una pugna estéril, que conduce a una irreconciliable antítesis. Espíritu y carne, como fuerzas incontrolables y opuestas, se aniquilan mutuamente, y la criatura humana se seca, se destruye y, «de no haber un milagro», fatalmente cae el suelo y «se pudre, como todo lo demás». Angustia y pesimismo, y una vaga y melancólica esperanza metafísica se proyectan en formas alegóricas, en un lenguaje repetitivo y con símbolos obvios, que una poderosa imaginación creativa convierte en imágenes tangibles y que una intensa fuerza subjetiva logra poetizar.

LISTA DE ABREVIATURAS

Las citas de la obra de Clarín que aparecen en este trabajo han sido tomadas de diferentes libros y se identifican de acuerdo a la siguiente relación:

De *Obras selectas* (Madrid: Biblioteca Nueva, 1947) (1).

(A)	Avecilla
(AC)	¡Adiós Cordera!
(B)	Boroña
(C)	Cuervo
(Ca)	Camus
(DA)	Doctor Angélicus
(DB)	Doña Berta
(DlC)	De la Comisión...
(DS)	Doctor Sutilis
(EdP)	El doctor Pertinax

---

(1) Las citas tomadas de Obras Selectas están confrontadas con las ediciones siguientes de la obra de Alas: *Doña Berta. Cuervo. Superchería.* Madrid: 1892; *Obras completas.* Madrid: Renacimiento, 1913-1929. T. II, *Su único hijo*; *La Regenta.* Edición, Introducción, bibliografía y notas de J. M. Martínez Cachero. Barcelona: Editorial Planeta, 1963.

(ElS)   El Señor

(Lms)   La mosca sabia

(LT)   "La Terre" (Zola)

(P)   Pipá

(R)   La Regenta

(S)   Superchería

(Suh)   Su único hijo

(Z)   Zurita

De *Adiós Cordera y otros cuentos* (Madrid: Espasa Calpe, 1966).

(Cdl)   "Cambio de Luz"

De *Cuentos escogidos* (Oxford: The Dolphin Book Co., 1964).

(Elds)   El entierro de la sardina

(EdSS)   El diablo en Semana Santa

(Vr)   Viaje redondo

Otras Abreviaturas

(Pa)   Leopoldo Alas, *Palique* (Madrid: Librería de Victoria-
            no Suárez, 1893).

(Sl)   ———, *Solos de Clarín* (Madrid: Librería de Fernan-
            do Fe, 1891).

(Ll)   Armando Palacio Valdés y Leopoldo Alas (Clarín), *La
            literatura en* 1881 (Madrid: Fernando Fe, 1882).

De *Palique*.

(Dbac)   De burguesa a cortesana.

Los títulos de las revistas citadas están abreviados de acuerdo a la siguiente relación:

BHS   Bulletin of Hispanic Studies.

CA   Cuadernos Americanos.

HR   Hispanic Review.

MLN   Modern Languages Notes.

PMLA   Publications of The Modern Languages Association of America.

PSA   Papeles de Son Armadans (Mallorca).

RE   La Revue d'Esthetique.

RFE   Revista de Filología Española.

RHM   Revista Hispánica Moderna.

RJ   Romanistisches Jahrbuch.

RR   Romanic Review.

68

TABLA DE MATERIAS